異文化コミュニケーション・入門

池田理知子・E.M.クレーマー［著］

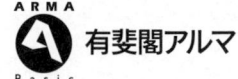

はしがき

　世紀の境目にあたる今，さまざまな分野で20世紀とはどういった時代だったのか，その検証が進められている。コミュニケーション学分野においても，そうした作業がまさに進められている最中である。アメリカ合衆国を中心にして発達してきたコミュニケーション学がめざしたものは何だったのか。そしてその後を追うようにして研究が進められてきた日本では，どんな成果が得られたのであろうか。とくに，本書の主題である異文化コミュニケーション分野ではどうだったのであろうか。筆者らはこうした問いに答えるべく筆を執ったといえる。

　異文化コミュニケーションにおけるこれまでのアプローチは，異文化に接した際に生じる摩擦をいかに軽減するか，その対処法に重点がおかれてきた。そして，その対処法が基盤とする理論も実証主義的なものが中心であった。しかし，そうした小手先の対処法ではもはや異文化コミュニケーションの多様な生の姿は語れない。異質性の本質に迫らなければ，真の姿は見えてこない。

　本書ではこうした姿勢のもとに，既存の理論および研究の検証を行ったうえで，新たな異文化コミュニケーションの視点を提示する。とくに，自己と世界とのかかわり，アイデンティティの問題を深く掘り下げることにより，異文化接触のダイナミズムを明らかにすることを試みた。「異文化コミュニケーションは自分探しの旅である」というスタンスに立ったこの本は，いままでの教科書とは一線を画した作りとなっているはずである。

　本書は4部12章からなる。

第I部の「アイデンティティとコミュニケーション」では、異文化コミュニケーションを理解するうえでもっとも基本的な概念となる「自己」「アイデンティティ」「文化」「コミュニケーション」「意識構造」について説明する。

　第II部の「空間・時間・言語と『故郷』」では、異文化コミュニケーションを文化融合のプロセスと捉えたうえで、その具体的なプロセスを見ていく。空間と時間、そして言語がそのプロセスとどのようにかかわっているのか、自己、アイデンティティを生み出す「故郷」の重要性とその文化融合プロセスとの関係とはどのようなものかなどを解き明かしていく。

　第III部の「異質性と向き合う」では、異文化接触における具体的な課題、「カルチャー・ショック」、価値・規則、そしてコミュニケーション能力の問題を扱う。異文化接触は往々にして強い衝突を引き起こすが、同時に融和や創造を生む。具体的な現象を見ていくことにより、異文化接触のそうしたダイナミズムを探っていく。

　そして、昨今もてはやされているグローバリズムであるが、その負の部分を明らかにしていくのが、第IV部の「マス・メディア、グローバリズム、アイデンティティ」である。マス・メディアによってもたらされたグローバル化は、差異・アイデンティティの喪失を招きつつある。世界中どこに行っても同じような文化にしか出会えないという、恐ろしく退屈な世界が生まれてこようとしている。そうした危機的状況を解き明かすとともに、多様性がもたらす活力についていま一度見直すことの大切さをここでは述べた。

　本書は、異文化コミュニケーションで取り上げられる主要な分

野を網羅しつつ、そのクリティカルな読みと思考を促す構成をめざしたつもりである。また、多彩な例と分かりやすい説明が、異文化コミュニケーションへの理解を深める手助けとなるよう心がけた。そして各章の終わりには、「ゼミナール」として質問およびディスカッションのテーマを提供している。それぞれの章のまとめとして、またその章のテーマについてさらに考えるための契機として使って欲しい。本書を通じて、読者1人ひとりがみずから考え、そして何か新たな発見をしていただければ幸いである。

　最後に、有斐閣編集部の池 一さんに心よりお礼を申し上げたい。異文化コミュニケーション分野においては新たな試みともいえる本書が日の目を見たのも、ひとえに池さんのお力添えがあったからだと信じている。

　2000年8月

著者を代表して

池田理知子

> 著者紹介

池田 理知子(いけだ　りちこ)

- 1981 年　津田塾大学学芸学部国際関係学科卒業
- 1995 年　オクラホマ大学大学院コミュニケーション学科博士課程修了(Ph. D.)
- **現　在**　福岡女学院大学教授
- **主要著作**　『セクシュアル・ハラスメント 新版』(共著,有斐閣,1998 年),『ニッポンを誤解させない英会話』(共著,宝島社,1993 年),「家庭内コミュニケーションの考察に向けて」(日本コミュニケーション学会編『日本社会とコミュニケーション』三省堂,2000 年)。

Eric M. Kramer(エリック M. クレーマー)

- 1978 年　オハイオ大学社会学・哲学科卒業
- 1988 年　オハイオ大学大学院テレ・コミュニケーション学科博士課程修了(Ph. D.)
- **現　在**　オクラホマ大学教授
- **主要著作**　*Modern/Postmodern : Off the Beaten Path of Anti-modernism*, Praeger, 1997 ; *Postmodernism and Race* (editor and co-author), Praeger, 1997 ; *Conciousness and Culture : An Introduction to the Thought of Jean Gebser* (editor and co-author), Greenwood Press, 1992.

INFORMATION

●**本書の構成と特色**　外国人とのコミュニケーション，異文化接触の摩擦の問題に限定せずに，「異文化コミュニケーションは自分探しの旅である」というスタンスに立っています。まず，自己と世界のかかわり，アイデンティティとは何かから，問題を掘り下げていきました (第 I 部)。さらに，自己やアイデンティティを生み出す「故郷」の重要性と文化融合のプロセスを解明し (第 II 部)，融和や創造を生み出す異文化接触のダイナミズムを探ります (第 III 部)。そして，現在のグローバル化の負の部分を見つめ，多様性がもたらす活力を見直し (第 IV 部)，「異質性を楽しむ」態度の大切さを検証しています。日本とアメリカの研究者が共同作業で作り上げた，広い視野に立つ，最新の異文化コミュニケーション入門です。

●**各章の構成**　章の冒頭は 1 ページを使い，写真や図，イラストを組み込んで，身近な出来事やありふれた社会事象を手がかりに問題提起をするイントロダクションとしました。章末には，章のまとめとして，質問およびディスカッションのテーマというかたちでポイントを提示した「ゼミナール」をおきました。

●**キーワード表示**　異文化コミュニケーションのキーワードについては，本文中でゴチック文字にして，注意を喚起しています。

●**コラム (*Column*)**　異文化コミュニケーションに関する，理論の簡潔な解説，興味深いトピックスの紹介などを，本文中の関連箇所に，囲み記事のかたちで掲載しました。

●**文献注，引用・参考文献**　本文で引用された文献，参照すべき文献は，[著者姓，発行年]というスタイルで表示し，文献全体の情報は，巻末に「引用・参考文献一覧」として一括して掲載しています。掲載は，日本語文献，外国語文献の順で，日本語文献は著者名の五十音順，外国語文献は著者名のアルファベット順で並べてあります。著者名の後に [ ] で囲んだ数字が発行年です。翻訳書の場合，原著初版の発行年は最後に ( ) に入れて表示しました。

●**学習用参考文献**　「引用・参考文献一覧」の中で，書名を太字にして表示した文献が，学習を進めるうえでの参考文献です。

●**索　引**　巻末には，基本用語などを中心にした事項索引，主要な学者等をひろった人名索引を付けました。

異文化コミュニケーション・入門：目　次

第Ⅰ部
アイデンティティとコミュニケーション

第1章　自己，アイデンティティ，文化　3

他を知り己を知る

「わたし」って何　4　　自己とは何か　4　　自己と信念，価値観，態度　7　　自己と文化　11　　文化とは　15　　アイデンティティが意識されるのは他者との違いに気づいたとき　17　　アイデンティティとは複数の同心円の集まり　18

第2章　コミュニケーションと文化　20

融合する文化

コミュニケーションとは　21　　コミュニケーションのフィールド理論：意味のエコロジー　22　　コミュニケーション・モデルとその限界　25　　ホマンズの交換理論　27　　CMM理論　28　　コミュニケーションの不可避性と意図しないメッセージ　29　　非言語メッセージと異文化コミュニケーション　30　　沈黙の意味　33　　言語メッセージ　35　　コミュニケーションは地平の融合　36　　文化の融合　39

第3章　コミュニケーションと意識構造　42

意識が世界を構築する

語りかける文化 42　　さまざまな文化とそのつながり 45　　意識とコミュニケーション 46　　マジックな世界とコミュニケーション 47　　神話的世界とコミュニケーション 49　　記号的世界とコミュニケーション 52　　3つの意識・世界の関係 53　　意識・世界の衝突と異文化コミュニケーション 56

第Ⅱ部　空間・時間・言語と「故郷」

第4章　空間の認識　61

その多様性を理解しよう

当たり前すぎる日常生活 62　　新しい世界が見えてくる 63　　空間の認識とさまざまな感覚 64　　固定空間と半固定空間 67　　対人関係と距離 69　　空間の認識と世界観 71　　マジックな空間 72　　神話的空間 73　　記号的空間 76　　空間の認識とその使い方 79

第5章　時間の認識　81

計れない時の流れを理解しよう

文化と時間 82　　さまざまな時間の捉え方と日常生活

83　出来事時間と時計時間　86　ポリクロニックとモノクロニックな時間　87　マジックな時間　89　神話的時間　92　記号的時間　94　時間に追われる生活　97　時間の帝国主義　98

第6章　*言語の力*　103

限界であり可能性であるもの

バベルの塔　104　言語と世界観　105　マジックな世界と言語　107　神話的世界と言語　110　記号的世界と言語　112　3つの世界と言語　115　声の文化と文字の文化　116　言語能力とアイデンティティ　119

第7章　*場の形成*　122

人は「故郷」を求める

物理的空間と場　123　動物となわばり　124　人となわばり　126　人と場の関係　127　場と文化的コンセンサス　128　場とグループ・アイデンティティ　131　故郷　133　新たな「故郷」の形成　135

第Ⅲ部
異質性と向き合う

第8章　「カルチャー・ショック」　141

衝突から融合へ

「カルチャー・ショック」とは 142 「カルチャー・ショック」の定義上の問題 143 「ホスト」と「寄生虫」 146 「U型曲線」と「W型曲線」モデル 147 「カルチャー・ショック」の症状 150 「カルチャー・ショック」の要因：自己と世界の変化 151 「拒否」と「攻撃」 153 「適応」とは 154 「帰国ショック」 156 「カルチャー・ショック」と文化融合 158

第9章 価値・規則と異文化接触　　161
異文化衝突を引き起こすもの

価値と規則 162 信念と価値 163 価値と評価 164 信念・価値志向 166 罪への自責心と恥 170 法と規則 171 規範と慣習 174 異なった価値観・規則 177

第10章 コミュニケーション能力と相互理解　　180
脈絡の理解が鍵

コミュニケーション能力とは 181 2つのアプローチ 181 目的追求型コミュニケーション能力 183 コミュニケーション能力の評価 187 意図の不確定性 189 コミュニケーション能力と運用 191 マインドフル 192 コミュニケーション能力の高さとは 194 相手の理解とは 195

第IV部
マスメディア，グローバリズム，アイデンティティ

第11章　縮みゆく世界　　201
世界を画一し二分するグローバル化

メディアの発達と文化の多様性の危機　202　　地球村？ 203　　技術の発達/突然変異　205　　コスモポリスとグローバリズム　208　　通信網のグローバル化とその意図 210　　国境を越える電波とその妨害　213　　文化帝国主義と巨大メディア/企業の独占　215　　テレビ導入の意図 217　　世界の二分化　220

第12章　グローバル化とアイデンティティ　　224
アイデンティティの画一化・喪失

テレビが社会を変える　225　　テレ・コミュニケーションとアイデンティティ　227　　広がる貧富の差とそれを覆い隠すシステム　229　　「労働者」対「労働者」　231 二重の意識　233　　文化を越えたアイデンティティとは？　234　　グローバル化への抵抗　237　　文化融合 239

引用・参考文献一覧　　243
事項索引　　253
人名索引　　259

Column一覧

① G. H. ミードと自己 …………………………… 6
② 認知的不協和理論 …………………………… 11
③ 個人主義と集団主義 ………………………… 14
④ 言語能力とアイデンティティ ……………… 18
⑤ ある国際結婚カップルの会話 ……………… 40
⑥ ジャン・ゲブサー …………………………… 46
⑦ 陰と陽 ………………………………………… 51
⑧ 空間と権力 …………………………………… 70
⑨ 現代風風水学 ………………………………… 76
⑩ 超大部族 ……………………………………… 78
⑪ 時間とテンポ ………………………………… 83
⑫ 時は金ならず ………………………………… 91
⑬ 3つの時間志向 ……………………………… 93
⑭ 不定時法 ……………………………………… 96
⑮ 内側からの言語・文化支配 ………………… 108
⑯ 言語行為論 …………………………………… 110
⑰ 〈意味するもの (signifiant)〉と〈意味されるもの (signifié)〉
   ……………………………………………………… 114
⑱ コミュニケーション調整理論 ……………… 120
⑲ 行動のシンク ………………………………… 125
⑳ われわれを規制する延長物 ………………… 131
㉑ 判断の不可避性 ……………………………… 136
㉒ 変な外人 ……………………………………… 155
㉓ 人生における転機と「カルチャー・ショック」………… 156
㉔ 普遍性と文化的多様性 ……………………… 174
㉕ 予測可能対不可能なコミュニケーション … 186
㉖ 極度に行動を意識させられる5つの状況 … 193
㉗ 帰属理論 ……………………………………… 194
㉘ ピジン ………………………………………… 196
㉙ マーシャル・マクルーハン ………………… 205
㉚ 技術導入による誤算?! ……………………… 210
㉛ ジュリアス・ニエレレの抵抗 ……………… 219
㉜ 未成年者とネット社会 ……………………… 229

本書のコピー，スキャン，デジタル化等の無断複製は著作権法上での例外を除き禁じられています。本書を代行業者等の第三者に依頼してスキャンやデジタル化することは，たとえ個人や家庭内での利用でも著作権法違反です。

第 I 部 アイデンティティとコミュニケーション

★第Ⅰ部の「アイデンティティとコミュニケーション」は，異文化コミュニケーションを理解するうえでもっとも重要と思われる基本概念を説明する3つの章で構成されている。

★異文化に触れる，異文化を理解するということは，自己と他者の違い，自文化と他文化の違いを通じて，自分自身および自文化を理解することにほかならない。異文化コミュニケーションは，まさに自分探しの旅であるといわれる所以はここにある。

★自己と他者の違いを理解するためには，まず自分とは何かを知ることが大切となる。そして，自己の形成には，生まれ育ってきた文化が大きく関与してくる。さらに，他者とかかわることで自己と他者の境界線，つまり自己のアイデンティティが意識されてくる。第1章「自己，アイデンティティ，文化」では，こうした自己と文化との関係およびアイデンティティについて詳しく見ていく。

★第2章「コミュニケーションと文化」では，コミュニケーションの基本概念およびコミュニケーションと文化との関係を示す。コミュニケーションとは何かを考えていくうえで浮かび上がってくるのが自己である。そして，コミュニケーションとはまさにこの自己と自己との交わり，融合であるといえる。

★他者とのコミュニケーション，出会いは，それぞれの文化が出会う場である。そして，他者との出会いによって文化の融合が始まるのである。

★異文化コミュニケーションを理解するうえでもっとも基礎となるのが，さまざまな意識の構造である。意識がそれと知覚されるのは，「……の意識」としてであり，それは，具体的なコミュニケーション現象として現れる。知らない土地を旅したり，異なった文化背景をもつ人と交わると，今まで気づかなかった見方や考え方に目覚めるときがあるが，それは具体的なコミュニケーションの過程で潜在化していた意識が突然顕在化するからである。第3章「コミュニケーションと意識構造」では，比較文明・文化学者J. ゲブサーの理論を援用して，3つの代表的な意識構造とコミュニケーションの関係を明らかにしていく。

第1章 自己, アイデンティティ, 文化

他を知り己を知る

エッシャー「写像球体を持つ手」(All M.C. Escher works © Cordon Art B.V.-Baarn-the Netherlands/Huis Ten Bosch-Japan)

　自分の姿とは：私たちは毎朝のように鏡を見る。見慣れた顔がそこには映っている。だが，鏡に映されているのは，はたして本当の自分の姿だろうか。私たちはどこまでその姿のことを知っているのだろうか。まして，自分が他人からどのように見られているかなど分からない。知らないうちに発しているメッセージによって，他者が勝手に自分のイメージを創り上げているかもしれないし……。鏡の中に映されている姿が，エッシャーのだまし絵のように現れたとしても，それほど不思議なことではないのかもしれない。

　知っているようで実はよく知らないのが，自分自身である。自分とは何か，自己とはどのように作られるのか，そして自分の姿が見えてくるのはどのようなときなのかといったことを，この章では考えてみる。

「わたし」って何

「わたしっていったい何」。人は，時にこうした疑問をもつことがある。たとえば，「日本人であるわたし」が当たり前だと思っていたのに，あらためて考えてみると「日本人だっていうことはどういうこと」といった疑問もわいてくる。日本人であるということは，日本国籍をもつことなのだろうか。日本語を話すことなのだろうか。それとも……。そう簡単には答えは見えてこない。自分というものは分かっているようで分からないものである。

異文化コミュニケーションは，自分探しの旅であるとよくいわれる。つまり，自分と異なる人や文化と交わることによって自分が何者なのかに気づかされるのである。自分と異なった性格の人とつき合うことによって自分の性格が分かってくるし，よその文化圏から来た人と交流することによってあらためて自分が日本人だということに気づかされる。つまり**アイデンティティ**（identity），そして**自己**（self）が見えてくるのである。

アイデンティティとは，他者の目を通して見えてくる自分，他者の自分に対する接し方によって確立される自分である。一方，自己とは信念，価値，態度，欲求といったものが複雑に作用するフィールドである。アイデンティティが社会的でかつ脈絡によって変化しやすいのに比べて，自己はいったん確立してしまうと変わらない部分をその中心にもつ。この章では，自己とアイデンティティの関係，そしてそれらが文化とどのようにかかわっているのかを明らかにしていく。

自己とは何か

小学生のころの自分と今の自分を比べてみよう。昔は内気だったけれど，今は比較的積極的になった人。昔から外向的な性格の人。比較すること

によってさまざまな自分が見えてくる。そして、変わらない部分と変わってきた部分が次第に明らかになってくるだろう。

　自分はまったく変わっていないという人は、おそらく1人もいないのではないだろうか。もちろん昔から変わらない部分もあるだろうが、変化したところも必ず見つかるはずである。このように自己というものは、時間の経過とともに、また環境の変化とともに移り変わっていくもの、つまり流動的なものである。

　また、自分の中で比較的変わらない部分と変わってきた部分の両方を発見したように、自己にはいったん形成されてしまうとなかなか変わらないものと、変わりやすいものがある。前者は**根元的自己**、後者は**二次的な自己**とでも呼べるだろう。たとえば、核となるような信念や価値観はいったん自分の中で作られてしまうとなかなか変えられない。とくに大人になってからでは難しい。長年使ってきた日本語を忘れ去ることができないように、善悪の判断や行動の基準としてきた核心をなす信念や価値観はおいそれとは変えられない。根元的自己はこうした変わらない核とでも呼べるような自己のことをいう。

　一方、二次的な自己は成長し環境が変わるにつれ変化していく。いわば社会化の過程で作られていく自己である。高校から大学に入れば、物の見方も変わってくるだろうし、クラブ活動やアルバイトなどを始めれば、おのずと社会とのかかわり方や責任の度合いも違ってくるだろう。また、服装や友人とのつき合いのスタイルも変わってくる。大学を卒業して社会人になれば、またそれなりに変わっていくはずである。

　根元的自己と二次的自己の違いは、T.パーソンズのパターン変数の1つである「**生得型**」と「**達成型**」の違いと通じるところが

Column① G. H. ミードと自己

　社会心理学者でかつシンボリック相互作用論の基礎を築いたとされるミードは、自己はIとmeの2つの側面からなるとする。Iとは原初的であり衝動的な自己、社会的な自己であるmeに対して反応する「何か」である。一方、meは他者の自分に対する見方・態度を引き受ける自己である。社会的に決められた規則や役割に対し従おうとする自己といえる。そして、自己を形成するIとmeは、相互作用、内なる会話を行う。ミードによるとこの会話が思考することにほかならない。人は新たな状況に直面し何らかの対応を迫られると、思考する。すなわち、状況適合的meと何らかの働きかけをするIとが相互作用を行うことによって、さまざまな問題に対処していくのである。

　このように、ミードの考える自己においては社会とのかかわり合いが重要な意味をもつ。社会化の過程で他者と出会い、その相互作用によって自己が形成されるのである。

　ミードはさらに、子どもがいかに遊びを通じて自己を形成していくのか、その過程を次のように述べている。まず、子どもはままごとなどの遊びの中で、お母さんやお父さん、そして子どもの役をまねることによってそれぞれの役割を理解するようになる。その役を演ずるにあたって、何が期待されているのかを次第に体得していく。そして、こうした遊びを通じて、周りの大人の態度や期待を感じ取り、自分との関係性の中で消化していく。ミードはこれを「**プレイ**」段階と呼ぶ。だが、子どもは次第に成長していくにつれて、複数の人と交わるようになり、周りからの期待も一様でないことを知る。そして、さまざまな態度や期待が交錯する中で、おのずとそれを組織化しかつ一般化することを学んでいく。つまり、さまざまな期待が渦巻く中で、みずから「**一般化された他者**」の期待を形作っていくのである。これが、「**ゲーム**」段階である。そして、この段階において自己の発達がいっそう促される（ミード［1973］）。

ある（パーソンズ［1974］；パーソンズ&シルズ［1960］）。生得型とは、個人に生まれついたときから備わっている特質である。たとえば、家柄や性別に関連する生まれもった性質も生得的特質に含まれる。こうした性質は、人の一生を通じて変わることはないとされる。一方、達成型は個人の自由な意思により後天的に獲得し

た性質であり，変わっていく可能性をもっている。パーソンズは，この両者を対比させ，生得型志向の人々と達成型志向の人々の両極があると説くが，人は本来生得的な特質とみずから達成した特質の両方を備えもつものである。同様に，根元的自己（変わらない自己）と二次的自己（流動的な自己）も両者が互いに関係し合いながら1つの自己を形成する。

自己とは，G. H. ミード，H. ブルーマー，H. ベッカーといった**シンボリック相互作用論**者が主張するように，複雑なシステムである（ミード [1973]；ブルーマー [1991]；ベッカー [1978]）。彼らの主張の共通点をまとめると，次のようになる。①意味とは社会的に作られるものである。そして，②社会とは社会的相互行為のネットワークであり，そこでは社会の参加者が参加者自身および他者の行為に対して意味づけを行っている。③こうした行為を個々人は，積極的にみずからが行っている。つまり，人はそこでは単なるリアクター（受け身）ではなく，アクター（主体）なのである。④アクターとしての個人は，社会においてさまざまな役割を演じる。要は，さまざまな「自己」をもつのである。

自己と信念，価値観，態度

複雑なシステムである自己，その形成には信念や価値観，態度が大きく関与している。いわば，自己というフィールドの中で，信念や価値観，態度が具体的な形となって現れるとでも表現できよう。

信念とは，あることが真実だと信じることである。その信じるものが，客観的に見て正しいかどうかは問題ではない。たとえば，宇宙は地球を中心に動いていると信じている人にとって，それが事実に反するか否かは関係ない。たとえ愚かに思われるかもしれ

ないが，その人は地球が宇宙の中心だという信念をもっているのである。

M. ロキーチは，信念——何をもって真実となすか——には5つの異なったタイプがあるとする (Rokeach [1968])。そして，その関係は並列ではなく，「**中心 - 周辺**」関係をなすという。たとえると，タマネギのような関係をしているといえる。一番外側は**非重要な信念** (inconsequential beliefs) と呼ばれ，「ピザが好き」だとか「赤い色が好き」といった個人的な好みにかかわるものなどがそれにあたる。

その1つ内側は，**由来による信念** (derived beliefs) と呼ばれるもので，社会的に権威があるとされるものから教えられ信じるようになった考えである。たとえば，百科事典に書いてあったから，教科書に載っていたから，新聞やテレビで報道されたから信じるに値すると判断したことなどが由来による信念となる。

もう1つ内側とは，誰が信頼に値するのかまた誰がそうでないのかを見分けたうえで，信頼に値すると判断した者から教えられ信じるようになった考えのことをさす。より具体的な権威者からの信念という意味で，**権威者による信念** (authority beliefs) と呼ばれている。子どもにとっては，親から教えられたことがそれにあたる。だが，成長していくにつれ，信頼に値する権威者の範囲も広がっていく。

もっとも内側の2つは，**コンセンサスなき根元的信念** (primitive beliefs, zero consensus) と**コンセンサスにもとづく根元的信念** (primitive beliefs, 100 per cent consensus) と呼ばれるもので，信念システムの核を形成する。前者には，自分の信じる政治的・宗教的信念などが含まれ，人の生活の指針となるイデオロギー的な信念を

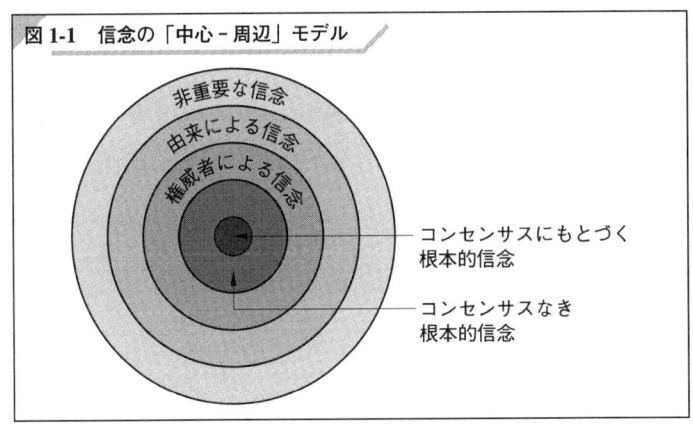

図 1-1 信念の「中心 - 周辺」モデル

- 非重要な信念
- 由来による信念
- 権威者による信念
- コンセンサスにもとづく根本的信念
- コンセンサスなき根本的信念

さす。ほかの人は信じなくても私は神の存在を信じるとか，誰が何といおうとも母は私のことを愛していないと思うといった信念が含まれる。後者は，このシステムの中心部を構成し，かつ周りの誰もが認める信念である。「私は女性である」とか「私が生きるためには空気が必要である」といった反論しようもない信念のことをさす。

次に，この5つの信念の関係を見てみると，タマネギの外皮がはがれやすいのと同じで，外側に位置する信念は比較的容易に変えられる。それに比べて，内側がむきにくいように，内側の信念はなかなか変えられない。また，外側が変わっても中まではそれほど影響しないが，中が変われば外も影響を受けてしまう。たとえば，神の存在を信じるか否かというような根本的な信念が変われば，ほかの信念にも影響を及ぼすであろうが，好みの色が赤から青に変わったからといって，内側の信念にはそれほど影響があるとは考えられない。

正しいあるいは間違いであるといった評価・判断がかかわって

くるのが，**価値観**である。価値観も信念と同様に，核を中心としたタマネギのような構造になっている。核となる価値観はなかなか変わらない（たとえば，「民主主義は共産主義よりも優れている」）が，外側（たとえば，「フランス料理よりもイタリア料理の方がおいしい」）はそれほどでもない。

価値観は，普通ある文化圏で共有されており，学ばれていくものである。そして，その価値観にもとづいて，人は自分自身および他者を評価するのである。こうした価値観は往々にして**自民族優越主義**と結びついてしまうという傾向をもつ。民族間の違いを，単なる違いとして捉えるのではなく，そこに価値判断をはさんでしまうのが自民族優越主義である。こうした価値判断には，文化的に培われた信念がたぶんに関係している。さまざまな人種・民族問題（たとえば，アメリカ合衆国における黒人問題，日本における在日韓国・朝鮮人問題など）がこのことを如実に物語っている。

最後に，信念と価値観が深く関係している**態度**について述べる。態度とは，より一般化された認知様式，つまりそこに自己が世界とどのようなかかわりをもつのかが示されている。単なる世界に対する何らかの「反応」ではない。自己と世界との複雑な関係がそこには現れているのである。そして，それは信念的構成要素，評価的構成要素および行動的構成要素の3つからなる。たとえば，虫を食べるべきではないと信じ（信念的構成要素），そうした行為を悪いことだと思っている（評価的構成要素）人は，虫を食べる人を避けたり嫌ったりするだろう（行動的構成要素）。要は，この人は虫を食べることに対して否定的な態度を採っているのである。

また，態度とは社会化の過程を通じて学習されるもので，ひとたびある態度が身につくと，容易には変えられない。虫を食べる

Column② 認知的不協和理論

　敬愛する人が，ある日何か間違ったことをしたとしよう。あの人がそんなことをするはずがない，もし本当にしたのであれば何かそうせざるをえなかった特別な事情があったに違いない，と人は思いたがる。長年抱き続けてきたその人物に対する好意的な態度を，そう簡単には変えられないのである。

　L. A. フェスティンガーは，任意の2つの認知要素が不協和を発する場合，人はその心理的に不快感を生み出す不協和を低減したり回避しようと試みるとする（フェスティンガー［1965］）。上の例でいうと，敬愛する人が正しい行為を行っていれば不協和は起こらないのだが，その人が間違った行為を行ったため不協和が発生したのである。その不協和を低減あるいは回避して，協和のとれた状態に戻さなければ，心理的に不快な状態が続いてしまう。不協和の低減あるいは回避の方法としては，その間違った行為がとるにたらないものであると自分自身を納得させる，その人が間違った行為を行ったのはほかの人に騙されたからである，といったものがある。だが，一般的にその人物に対する態度の変更による不協和の回避は起こりにくい。それは，いったん身につけた態度というのは，そう容易には変えられないからである。

ことに対して否定的な人にとって，虫を常食としているアフリカの人々と接触したとしても，みずからの態度を変えるのは不可能ではないが容易ではない。さらに，そうした人々とつきあうこと（行動的構成要素を変えること）は可能だが，だからといって虫を食べるべきではないとする信念的構成要素やそうした行為が悪いことだとする評価的構成要素は変わらないことが多い。すなわち，行動が変わったからといって，態度が変わったとはかぎらないのである。

自己と文化

つまるところ，人がもつ信念や価値観，態度は，幼少時からの社会化の過程を通して培われてきたものであるといえる。つまり，文化によって形

成されたのである (Brislin [1993])。ある社会や文化の一員として生まれる，あるいは一員になるということは，自己の形成に大きく関与してくる。要するに，自己と文化は切り離して考えることはできないのである。

トロブリアンド諸島で実地調査を行った文化人類学者のB. マリノフスキーは，次の3つの基本的な要求が文化システムには含まれると結論づけている (マリノフスキー [1981])。1つは，食べ物や水といった**生きるために必要なもの**である。ついで，社会的役割とか資源の分配といったような**社会的なレベルで調整・協力が必要なもの**である。最後が，**社会的調和や安全への要求**である。この要求が満たされることによって魔術，神話，そして芸術といった文化的表現が可能になるとしている。

また，A. H. マズローは人間は次のような5つの基本的な要求をもち，その5つはそれぞれの強さによってヒエラルキーな関係を構成するとしている (図1-2)。まず，もっとも優先順位が高いのが，空気や水，睡眠，食べ物といった「**生理的要求**」である。次が安全で安定した生活，秩序といった「**安全の要求**」で，何らかの社会的グループに所属している，またそこで必要とされていると感じるといった「**所属と愛情の要求**」，能力や自信があると感じる，あるいは他が認めてくれていると感じる「**尊重の要求**」がそれに続く。そして，もっとも高次元で要求の優先順位が低いのが，自己の可能性を試したいという「**自己実現の要求**」である (マズロー[1987])。

ところが，それぞれの要求の具体的な内容，実現の手段は文化によって変わってくる。いかにして食料や水を手に入れるかは農山村と都会では異なっているだろう。また，何をもって安全と感

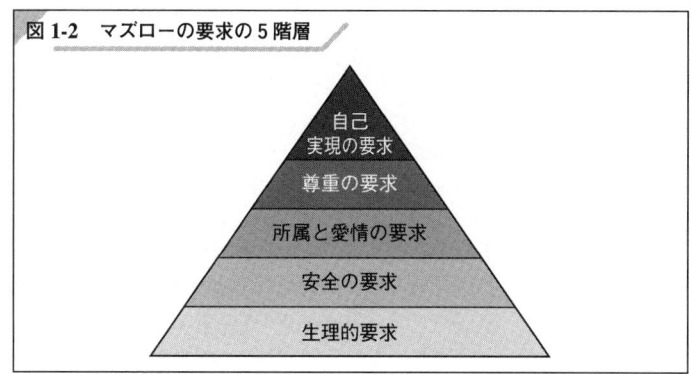

図1-2 マズローの要求の5階層

（ピラミッド上から）
自己実現の要求
尊重の要求
所属と愛情の要求
安全の要求
生理的要求

じるかも異なるであろう。こうした基本的な要求の形態，要求実現の手段の相違が，自己形成の違いとなって現れてくる可能性は大きい。

　農山村と都会の違いをもう少し詳しく見てみよう。F. テンニースは，社会・文化は基本的に，居住者間の密接な人間関係を基本とする**共同社会**（ゲマインシャフト）と，多様で複雑な分業を基本とする**利益社会**（ゲゼルシャフト）の2つに分かれるとしている（テンニース［1957］）。いわば前者が村落共同体で，後者が都会であるといえよう。村落共同体においては，共同作業を行わないことには生きていけない。そして，その共同作業の連続によってお互いの気心が知れ，息が合っていく。そうなると，必然的に自己主張の必要性が少なくなっていき，自己の確認もどちらかというと集団との結びつきの中で行われるようになる（**集団主義**）。一方，結びつきの弱い人間の集まりである都会では，法的な契約によって関係性が成立する。自己も自由意思にもとづく責任ある主体として捉える傾向が強くなる（**個人主義**）。いかに文化・環境が，自己の形成に深くかかわっているかが，村落/都会の対比から

第1章　自己，アイデンティティ，文化

> ### Column③ 個人主義と集団主義
>
> 利益社会（ゲゼルシャフト）と共同社会（ゲマインシャフト）の区分は，個人主義と集団主義の文化概念と関連している。個人主義的文化は集団の目標よりも個人の目標が優先し，集団主義的文化では前者が後者よりも優先するとされている（Triandis [1995]）。そして，個人主義的文化では個人として何を達成したのかが問われるのに対し，集団主義的文化では集団への帰属と集団としての力が問われる。
>
> よく，日本は集団主義的でアメリカは個人主義的だといわれるが，日本においても個人が集団に優先する場面は多い。たとえば，学校の成績や個人スポーツなどがそうである。また，都会では地域共同体よりも個々の家庭や個人の利益を優先する主張が目につく。おおざっぱな〈日本＝集団主義〉，〈アメリカ＝個人主義〉という捉え方はもはや通用しないのかもしれない。

もうかがえよう。

　もう少し身近な例で考えてみよう。たとえば，祖父母や大勢の兄弟，あるいは親戚に囲まれて育った人と，いわゆる核家族の中で育った人とでは，さまざまな要求の内容も変わってこよう。比較的多くの人の中で育った者は，自分の好みに対する自己主張がなかなか通らないことを，そうでない人よりも学ぶ機会が多いだろうし，安全に対する要求も変わってこよう。多くの人に囲まれていることを安全だと感じるのか，限られた空間あるいは閉ざされた空間にいることで安心するのかといった違いが生まれるかもしれない。そして，そうした違いが，人とのかかわり方や性格の形成にも影響を及ぼすだろう。さらに，幼少時の遊び方にも差が出てくるだろう。遊びは子どもの社会化の過程に，そして自己の形成に深くかかわってくる。

　要は，人のおかれた環境やそこに伝わる文化が自己の形成に多分に関与しているといえるのである。

文化とは

では、文化とはいったい何だろう。文化の捉え方は一様ではない。だが、ここでは自己とアイデンティティの問題ともっとも関係のある文化の定義に絞って考察してみたい。

「ジャック・カルティエ」という名を聞いて、カナダの創始者だと答えられる日本人は何人いるだろうか。カナダ人なら誰でも知っていることである。ブルガリアのヒーロー「アレキサンダー・レヴスキー」のことを知っている人は、はたしてどれぐらいいるだろうか。だが、「坂本龍馬」の名を耳にしたことのない日本人はおそらくいないだろう。日本という文化の中で育った人なら、誰でも知っていることだからである。日本人なら誰でもこうした知識を共有している。さらに、家に上がるときには靴を脱ぐとか、ご飯を食べるときにはお茶碗を手にもって食べるといったことは、日本人なら誰でも身につけている習慣である。つまり、文化とはその文化の構成員なら誰でも知っている、あるいは身につけている、いわば共通の知識とでも呼べるようなものだといえる。

ここで共通の文化背景をもつグループ、たとえば「日本人」とはどういう人たちのことをさすのか少し考えてみよう。一般的には、日本人とは日本国籍をもつ者や「日本民族」の血をひいている人たちのことをさしていると認識されている。だが、日本国籍をもたないが日本人と見なされている人たちも大勢いる。日本で生まれ育ったがさまざまな事情でよその国で新たな市民権を獲得した人たちや、かつて沖縄などで問題となり、最近では滞日外国人女性などの子で日本国籍がとれないいわゆる無国籍児がこうした例にあたる。また日本国籍をもっていても、外見が異なるために周りからは日本人と見られない人もいる。

さらに，日本人は単一民族と思われているが，一概に日本人といってもその顔つきはバラエティに富んでいて，一様ではない。肌の色や目の色が一般的な日本人と異なる者もいる。映画『スワロウテイル』（1996 年，岩井俊二監督）に一見欧米人ふうなのに日本語しか話せない人物が登場したのを覚えているだろうか。逆に外見は日本人でも，日本人以外の（片）親をもつ人物も出ていた。彼（女）らは，日本で生まれ日本で育ち，日本人と多くの文化を共有しているという意味では日本人である。では，アメリカ合衆国や南米などに住む日系人はどうだろう。日本で生まれ育った一世は，文化的には日本人といえるだろう。しかし，二世，三世と世代が進むにつれて，日本語を話す人も少なくなるだろうし，文化的知識の共有部分も少なくなってしまう。そうすると日本人とは考えにくいのではないだろうか。すなわち，日本人であるということは，国籍や血統ではなく，日本人なら誰でも知っているそうした文化的知識を共有する者であるといえる。

　文化とは，言語を通して代々受け継がれていくものである。したがって，文化と言語とは密接な関係があるといえる。独自の文化圏を守るために，政策的に外国語の影響を排し母語を堅持しようとした国や地域の存在（たとえば，フランスやカナダのケベック州）からも，両者の関係がうかがえよう。また，幼児が言語を習得するということは，その言語特有のものの見方や考え方までならうということでもある。つまり，言葉を覚えていくことは，その言語共同体に共通の文化的知識を習得していくことにほかならない（詳しくは第 6 章参照）。

　しかし，こうした共通の文化的知識というものはあまりにも当たり前で，ふだんは取り立てて意識することはない。日常当たり

前のように使っている言葉の構造など，よほどのことがないかぎり，あらためて考えてみようなどとはしないだろう。自分が当たり前だと思っていたことがそうではなかったのだと気づかされたとき，つまり日本語が通じない状況におかれたときや，自分にとっての常識が通用しない事態に遭遇したときに初めて気がつくものである。

> アイデンティティが意識されるのは他者との違いに気づいたとき

自分のアイデンティティに気づかされるのも，同じように自分と異なった人や文化に触れたときである。つまり，自分が見えてくるのは，他者との違いに気づいたときなのである。たとえば，自分の肌の色や髪の毛の色は，自分と同じような肌や髪の毛の色をもつ日本人の中にいればほとんど気にならない。ところが，自分とは違う肌や髪の毛の色をした人たちの中に入ると，気になりだす。日本人であることが意識されるのも，それ以外の人と接触したときである。つまり，アイデンティティとは，違いによって生み出される。自分と違う文化圏から来た人と出会うと，よりいっそう自分のアイデンティティが意識される。

先に，自己とは信念や価値観，態度が具体的な形となって現れるフィールドであると定義したが，アイデンティティはそのフィールドを限定する境界だといえる。他との違いによって境界が見えてくる。そしてその境界を決めるのは，自分ではなく周りの人々である。日本人であることをやめたいと思っても，周りがそう認識しているかぎり，日本人であるというアイデンティティを取り払うことはできない。このように，アイデンティティは，自分の思いどおりに決められるものではない。

だが，アイデンティティは常に他者との関係において決められ

第1章　自己，アイデンティティ，文化

> **Column ④ 言語能力とアイデンティティ**
>
> 留学生が,周りのみんなが自分のことをよく理解してくれないと不満を漏らすことがある。自分の国ではエリートと見なされていたのに,留学先ではまるで言葉をよく知らない子どものように扱われるといったいらだちを覚えているようである。言語能力と社会的地位は,密接な関係があるため,新たな言語共同体でまるで子どものように扱われることは受け入れがたいこととなるのである(Giles & Johnson [1981])。アイデンティティの危機とでも呼べる状態に陥ってしまう。限られた言語能力では,意思の疎通にも限界がある。そうなると本当の自分を分かってもらう手段も限られてくる。

るため,自己よりもより流動的である。たとえば,「私は背が高い」と認識していた人でも,ヨーロッパ北部に移り住めば,とたんに背が低く感じられるかもしれない。「私は金持ちだ」「僕は頭がいい」といった言説も,状況や周りの環境が変われば変化せざるをえない。要は,何を比較の対象とするかでアイデンティティは異なってくるのである。

アイデンティティとは複数の同心円の集まり

さらに,人は同時に複数のアイデンティティをもつ。家族の一員であると同時に会社の社員であったり,また趣味のクラブに属していたりとさまざまなアイデンティティを同時にもつ。つまり,アイデンティティとは,さまざまなグループへの帰属意識の集合体だともいえる。そして,おかれた状況によって,どういったアイデンティティが浮かび上がってくるかが変わってくる。たとえば,職場では規律にやかましい人が家庭ではずぼらだとか,学校ではリーダー的存在なのに家庭では甘えん坊の子どもだとか,そうした例はよく耳にする。交わる人によって,自分の異なった側面が浮彫りになってくるのである。

また，こうした複数のアイデンティティは，タマネギのように中心から次第に心理的な距離をおくように広がっていく，そうした関係にある。自分の核となる部分とどれほどかかわっているかによって，そのアイデンティティがより内側に位置するのかそとも外側にあるのかが変わってくる。だからこそ，母校の野球チームを負かした相手チームでも，そのチームが県の代表になればまるで自分のチームのように応援できるのである。もちろん母校の野球チームに対する思い入れとは，まったく同じではないが。

　アイデンティティは，このようにさまざまな関係性が複雑に絡み合ったものである。そして，自分という核を中心に形成されており，半径の違う同心円がその核の周りを取り囲んでいる，そういった関係にある。そして，異質なものとの出会いにより，この円が意識されるようになるのである。

ゼミナール

1　われわれがもっているもっとも根本的な信念と価値は，どこからきたものなのだろうか。
2　自己の形成に文化がどのようにかかわっているのか整理してみよう。
3　自己とアイデンティティの関係について整理してみよう。
4　社会化の初期段階で影響力が大きいと思われるものをあげてみよう。また，それらが具体的にどのように自己の形成にかかわっているのだろうか。
5　ある社会の一員とそうでない人とは，どこが違うのであろうか。または，どうやって見分けられるのだろうか。
6　外国人が，もともとそこに住む人と同じようにその社会の一員となることは可能なのであろうか。
7　アイデンティティの危機が起こる要因について考察してみよう。

第1章　自己，アイデンティティ，文化

第2章 コミュニケーションと文化

融合する文化

平戸・生月の納戸神（九州大学文学部宗教学研究室所蔵）

文化の融合：江戸時代，隠れキリシタンが納戸に祀った聖画像の姿は，イエスを抱えた聖母の画像が多かったという。また，その聖母像の中には，着物を着て，イエスに乳をのませんばかりに胸をはだけた像も残されている。そして，その聖母が抱きかかえるイエスは，右手で祝福し左手に巻物をもっている。日本では，キリスト像よりもマリア像の方を祀る場合が圧倒的に多かった。遠藤周作がいうように，日本人にとっては，やせ細ったキリストの姿より，慣れ親しんだ観音像をも連想させるようなマリア像の方が親しみやすかったのだろう。

世界各地に広がったキリスト教であるが，日本の納戸神が示すように，随所でその地の土着信仰と結びつき独自の解釈が加えられていった。まさに，文化の融合の痕跡が，キリスト教の広がりの中に見てとれるのである。

コミュニケーションとは

　第1章では，他者との交わりによって自分が見えてくることが理解できたと思うが，では他者との交わりによって生じるコミュニケーション行為とはどのようなものなのだろうか。

　コミュニケーションとは，言葉を介してのみなされるものだろうか。うなずきや目くばせといった言葉以外のメッセージも，相手に何らかの意味を伝えていることを考えると，そうではなさそうである。では，コミュニケーションとは，2人あるいはそれ以上の人があるサインやシンボルに対して同じ了解をしたときに成り立つものだろうか。しかし，ある人が意図した意味が，まったく違うふうに受け止められることはよくある。こういう場合，コミュニケーションは行われなかったのだろうか。コミュニケーションが行われなかったとしたら，誤解が生じたことすら分からなかったのではないだろうか。

　では，他者との交わりによってコミュニケーションが起こるのであれば，コミュニケーションは「行動」と捉えることができないだろうか。だが，何も行動しないことが，何らかの意味をもつこともある。相手の問いかけに何も答えないことは，場合によっては行動として現れる言語メッセージよりもパワフルな意味合いをもつことは，誰もが経験上知っていることである。

　さらに，本やテレビといった物でさえ，われわれにメッセージを送ってくる。そうすると，コミュニケーションは他者との交わりによって生じる行為であるとも言い切れなくなる。どうも，この定義も不十分なようである。

　日常何気なく行っているコミュニケーションであるが，いざ定義してみようとすると非常に難しい。しかし，上のような問いか

けの中で見えてくるのが，コミュニケーションの核とでも呼べる要素，コミュニケーションの主体としての自己である。コミュニケーションとは，さまざまなメッセージが交差する接点である自己，そこで生じる現象といえる。自己は常に移り変わっていく周りの世界とかかわりながら，みずからも変化していく。自己とはいわば常に変化するメッセージそのものであるといえる。他者および世界に向かって発せられるメッセージである。第2章では，こうした自己とコミュニケーションの関係，そしてそこに文化がどのようにかかわってくるのか考えてみたい。

コミュニケーションのフィールド理論：意味のエコロジー

ドイツの哲学者 E. フッサールは，われわれが意識を向けるもの，つまり認識するものすべてにはすでに何らかの意味があり，経験することとは意味の認識にほかならないといっている（フッサール [1979]）。フッサールの弟子 M. ハイデガーも，人は本質的にあらゆるものに解釈を加えるものだと，同じような主張をしている（ハイデガー [1939]）。つまり，日常生活を営むこと，経験することとは解釈することにほかならないのであり，われわれはあらゆる出来事や考え方，感情がわき起こる意味のフィールドの中に身をおいているのである。

われわれの周りを見回してみると，名前のついていないものはないといっていい。たとえあったとしても，今度は逆にどうして名前がないのだろうと考えてしまう。名前を考える，あるいは名前がありそれをそう呼ぶこと自体が解釈というプロセスなのである。さらに，人は周りのさまざまな刺激の中から，自分にとって気になるものだけに意識のまなざしを向ける。「気になる」あるいは「**意識のまなざしを向ける**」こと自体が解釈である。つまり，刺

激が飛び込んできた時点で、自分にとっての何らかの意味づけをそれに対して瞬時に行っているのである。これが、経験とは解釈であり、意味づけの伴わない経験などありえないということなのである。

　だが、実際は人は自分が「気になる」ものを選び出していることすら気がつかない。選び出さなかったものなど、その存在すらも問題とはならないのである。世界は、われわれが意識して初めてわれわれに意味をなすのである。つまり、意識と世界とは根本的には同じだといえる。そして、すべての経験は主観的なものである。主観的にそして瞬時に行われる解釈とその対象の存在は、まったく同一のものなのである。要は、経験/解釈して初めて自分の周りの世界に気がつく。逆の言い方をすれば、経験/解釈なしには、何事も知りえないのだといえる。

　しかも、こうしたわれわれの個人的な経験/解釈は、社会や文化、政治・経済あるいは心理的な要素などが複雑に作用し合って作り上げられた自己が行ったもので、周りをとりまく世界と密接に関係し合っている。要するに、われわれの個人的な経験/解釈は、われわれが生きる社会や文化の影響を多分に受けているといえるのである。次頁の写真を見て多くの日本人が夫婦岩と納得できるのも、個人的な経験／解釈が文化と密接な関係があることを物語っているだろう。自然が作り出した偶然に名前をつけるという行為は、世界中至るところで見られるが、こうしたネーミングにはその地域の文化がよく反映されている。月の中に何を見出すかも、文化によって異なる。ウサギの餅つきが見えるのは日本人だけかもしれない。

　文化人類学者E.T.ホールは、「文化とはコミュニケーションで

夫婦岩（三重県二見浦。共同通信社提供）

ある」とし，文化とコミュニケーションを同じものと見なしている（ホール [1966]）。コミュニケーションと文化が同一であるという見方には異論もあろうが（たとえば，同一であるならば2つの言葉・概念が存在する意味がないなど），文化とコミュニケーションが密接に関係し合っていることは間違いないだろう。現象学者ゲブサーは，文化を「**表現のプロセス**」と捉え，建築様式，ヘアースタイルや服装，音楽，宗教，人とのつきあい方，方言といった表現にその文化そのものが表れているとする。つまり，文化とは何か抽象的な概念として存在するわけではなく，常に表現されるもの，意味をなすものとして提示され，われわれが意識のまなざしを向ける，経験することによって「**文化表現**」として語りかけてくれるのである（Gebser [1985]）。

われわれの経験とは本質的にコミュニカティブなものである。成長の過程でわれわれは実に多くの人や物と交わってきた。そし

て，ものの見方や考え方を教わってきた。周りの人や物，つまり世界と積極的にかかわることによって価値観や信念，態度を身につけてきたのである。しかし，この周りの世界も一様ではない。さまざまな出来事や考え，異なった感性が同時に存在する。こうしたさまざまな世界を構成するものと交わり，それを統合していくのである。

そして，この統合のプロセス自体も，新たな経験によって変わっていく。さまざまな経験を統合する意識そのものにも，変化が起こるのである。

人は世界とのかかわりの中で，絶え間ない意味づけのプロセスをたどる。いわば，**意味のエコロジー**，あらゆる経験が生み出されるフィールドの中で生きている。この本の筆者たちは，このようにコミュニケーションを広義に捉え周りをとりまく世界・経験との関係で説明しようとする考え方を，**コミュニケーションのフィールド理論** と呼ぶ。インターアクティブでとぎれのない解釈作業，こうした創造的なプロセスが行われるのが，フィールドである。

コミュニケーション・モデルとその限界

コミュニケーションは，このように非常にクリエイティブなものであるにもかかわらず，これまでの代表的なコミュニケーション・モデルは，こうした創造的なプロセスを説明しきれていない。

たとえば，**C. シャノンと W. ウィーヴァーのモデル** では，コミュニケーション現象が1つのラインとして描かれている。ベル電信電話会社の技術者であった2人は，人のコミュニケーションも機械のように説明されうると信じ，情報源から発せられたメッセージが，チャンネルを通して（なるべく雑音を押さえて）受信される

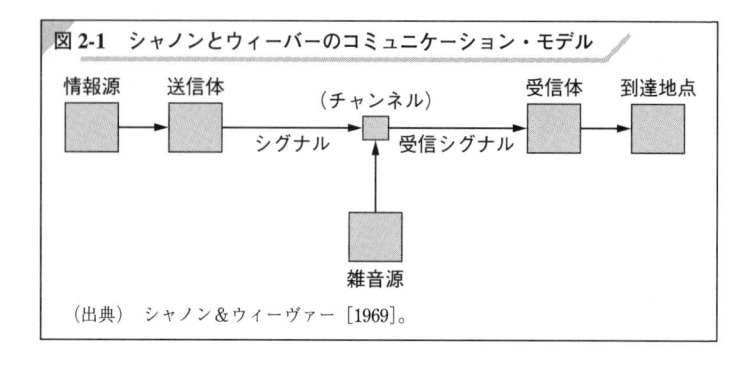

図 2-1 シャノンとウィーバーのコミュニケーション・モデル

```
情報源 → 送信体 →（チャンネル）→ 受信体 → 到達地点
         シグナル    受信シグナル
              ↑
            雑音源
```

（出典）シャノン＆ウィーヴァー [1969]。

までの様子をモデル化した（図2-1，シャノン＆ウィーヴァー[1969]）。

ところが，人のコミュニケーションはもっと複雑である。人は機械のように，規則正しく情報を発したり受け取ったりしないことの方が多い。また，このモデルのようにチャンネルが存在しなくても，いや存在しないことがメッセージとなりうる場合もある。沈黙がそれにあたる。シャノンとウィーヴァーのモデルが説明するコミュニケーション現象は，その一側面にすぎない。

のちに，**フィードバック**の概念がこのモデルにつけ加えられた (Wiener [1961])。フィードバックとは，熱力学で使われる自己制御機能（サーモスタットの原理）のことで，人のコミュニケーションでは，メッセージの発信者が受信者の反応に従ってメッセージやチャンネルなどを調整することをさす。つまり，フィードバックは，受信者がメッセージを受け，それを評価してから行われることになる。だが，はたして人は必ずメッセージを受け取ってから反応するのだろうか。人は相手の言ったことをよく聞いていないにもかかわらず，相手に反応を示すという研究結果も報告されている。つまり，人はどちらかというと相手の言うことよりも自

分の言いたいことにもとづいて，返事を返す傾向があるというのである。そうすると，フィードバックの原則は成り立たない。

ホマンズの交換理論

では，次にコミュニケーション分野における代表的な理論の1つである **交換理論** について検討を加える。G. C. ホマンズに始まるこの交換理論は，行動心理学の基本原理である〈刺激‐反応〉にもとづいて人間の心理的動機と行動の関係を解き明かし，かつそれを行動の経済効果と結びつけて考えようとするものである。つまり，交換理論によると，人の相互行為はコストと報酬による動機づけがなされた結果起こるのである。

この理論では，人は報酬を期待するからこそ行動を起こすのであり，報酬が期待されないとなると行為は遂行されないとする。では，人はなぜお互いに挨拶を交わすのであろうか。それは文化的規範によってそうすることを期待されているからであり，挨拶をしないとにらまれたり評判を落としたりという不快な経験，懲罰が待ち受けているからである。

交換理論によると，人とのコミュニケーションが行われるのも，そこから何らかの見返りがあるからであり，〈**利益＝報酬－コスト**〉の数式にあてはめて，十分利益が上がると見込んだからである，ということになる。つまり，ここではあらゆる行為は個々人の合理的な比較考慮にもとづく交換によってなされるのである（ホマンズ［1978］）。

だが，はたしてあらゆる交換行為を個々人の合理的な選択の結果と見なしていいのだろうか。たとえば，会社ぐるみの犯罪にまき込まれてしまった人はどうであろうか。悪いと知りつつ，また個人的な利益など初めから見込めないのに，周りにまき込まれて

しまった人にとって，合理的な選択の余地などまったくなかったのではなかろうか。あらゆる行為を個人の心理的動機と選択に還元する交換理論は，個人を基本とする西欧的価値観にもとづいているといえる。西欧的価値観を共有していない文化圏では，通用しない理論ということになる。

さらに，交換理論は自己犠牲にもとづく行為については，まったく考慮していない。おそらく，交換理論によれば，自己犠牲にもとづく行為であっても，それは究極的には自己満足という見返りがあるからこそ遂行されたのであるとするだろう。しかし，人はみずからが落ち込んだり不快になることが分かっていても，犠牲的行為に至る場合もある。あるいは，そうした結果など考えずに思わず自己犠牲的行為を行ってしまう場合もある。

人のコミュニケーションは，複雑である。単純化されたモデルや理論を使って説明しようとすると，現実にそぐわない部分が多数出てくる。その欠点を補い，コミュニケーションを意味のエコロジー，すべての経験が関与するフィールドとして捉えるのが，先に述べたコミュニケーションのフィールド理論である。

CMM理論

コミュニケーションのフィールド理論と同じように，意味づけのプロセスをインターアクティブで創造的なものとして捉えている理論に **CMM** (Coordinated Management of Meaning) **理論**がある。W. B. ピアスらが提唱したこの理論は，意味とはさまざまな会話や交わり，相互作用によって生み出されるものであるが，そこでは解釈の主体者である自己が積極的にかかわってくるとする。つまり，意味とは個々人の主観的な努力によって生み出されたプロダクトともいえる。さらにそこでは，脈絡（context）が大きく関与してく

る。こうした，解釈学的立場に立っているのが CMM 理論である (Pearce [1976])。

具体的には，CMM では意味とはエピソードであるとする。そして，そのエピソードは相互作用の参加者によって調整される。お互いがそれぞれのルールに従ってコミュニケーション行為を行うのであるが，そのルール自体も状況によって変更・調整を強いられる。だからこそ，個々のエピソードはユニークなものとなりうるのである。

CMM 理論を強いて訳すと，意味の調整・管理理論ということになるが，その名が示すようにこの理論ではお互いがいかに意味を調整・管理する作業にかかわっているのか，またそこではどのようなルールが作用しているのかが問題となる。そのため，この理論は既存のルールおよびその変更・調整で説明できる現象においては説得力があるが，ルール違反による意味の生成に対しては限界がある。異文化コミュニケーションにおいては，ルール違反が新たな意味を生み出す場合が多いし，そこが異文化接触の面白さである（第 10 章参照）。

コミュニケーションの不可避性と意図しないメッセージ

人が世界とのかかわりを断ちきれないように，人はコミュニケーションを避けることはできないのかもしれない。P. ワズラヴィックらはこれを「**コミュニケーションしないわけにはいかない** (One cannot not communicate)」と表現している。つまり，人は意図しなくても相手に何らかのメッセージを送っており，コミュニケーターの意図の有無が，コミュニケーションが起こるための前提条件とはならないのである (Watzlawick, Beavin & Jackson [1967])。

実際，われわれが伝えているメッセージの多くは意図しなかったもので，しかもそれに対して，他者が何らかの意味づけをしたことすら気づかなかったという報告が多数なされている。思わず吹き出してしまったとか，首を傾げてしまったとかいった行動が，相手の反感を買ってしまうこともあるし，身に覚えのない薄ら笑いで難癖をつけられたりといったこともありうる。

　そうなると，われわれが周りからこう思われたいと意図したとしても，ままならないことが多いということになってしまう。人は，自分が他者にどう見られているのか気になる。他者にできれば好印象を与えたいと思うのが普通だろう。しかし，自分のイメージはおおむね相手によって作られてしまう。アメリカのプロバスケットボール選手バークレーは，黒人社会のロール・モデルとして見られることに必死の抵抗をした。だが，周りがすでに彼をそのように見てしまっている以上，彼の思いどおりにはいかない。自己のアイデンティティが，自分の思いどおりにならないのと同じである（第1章参照）。

非言語メッセージと異文化コミュニケーション

　眉をしかめたり，拳を握りしめたりといった行為は，思わず出てしまうことが多いし，自分でも予期しない結果を招いてしまうこともある。また，さりげない体の動き1つが相手に誤解を与えてしまうこともありうる。これが，知らない土地だと，なおさら誤解が生まれやすい。アメリカ合衆国で教えていた日本人教師が，黒板を思わず中指でさしたため，学生が驚いてしまった（このしぐさはアメリカでは敵意を表すとされている）というエピソードがあるが，場合によっては相手の不快感どころか怒りを買ってしまうことにもなりかねない。

また，自分では印象をよくしようとしてにこにこ笑っていたつもりなのに，相手のアメリカ人は日本人はわけの分からない笑いを絶やさず気味が悪いと思っていた，こういう話はよく耳にする。著者の1人がブルガリアへ行ったとき，レストランで「メニューは」と聞かれて，「欲しい」という意味で首を縦に振ったのだが，メニューはもらえなかった。ブルガリアでは，首を縦に振ることが「ノー」を意味することを知らなかったため，ウェートレスとの意思の疎通が図れなかったのである。

　非言語メッセージは，次のようなカテゴリーに分けられる。①顔の表情，身振り，手振りといった**身体動作**，②相手との距離や空間の使い方といった **近接空間**（第4章参照），③時間の使い方に関する**時間概念**（第5章参照），④外見や服装などの**体物表現**，⑤抱擁や体への触れ合いなどの **身体接触**，⑥声の質や出し方など声の使い方に関する**パラ言語**。

　身体動作に関しては，P. エクマンと W. V. フリーセンがさらに細かく次の5つに分類している（Ekman & Friesen [1969]）。

　①**表象**（emblem）：言葉の選択と同様に意識的に使われ，同一グループ内においては共通の意味をもつもの。例としては，お金を表現する動作（親指と人差し指で輪を作る）などが上げられる。しかし，表象にあたる動作は，文化によって変わるものが多い。たとえば，アメリカではお金を表現する際には，親指とそれ以外の指を擦り合わせる。

　②**例示動作**（illustrator）：何かを描写するために用いられるもので，言語メッセージと同時に使われる場合が多い。たとえば，「こんなに大きな魚を釣ったんだ」と言いながら，両手で魚の大きさを示す動作などがこれにあたる。この動作も，往々にして文化

によって異なった意味やニュアンスをもつ。間断なく両手を動かして説明するイタリア人に，比較的限られた動作で話をすることに慣れている日本人は，驚いてしまうかもしれない。

③**感情表出**（affect display）：泣く，笑うといった感情や気分を表す動作。普遍的で，社会化の過程で学んでいくというより生まれつき備わっているものが多いといえる。

④**レギュレーター**（regulator）：相手の行動を制したり調整したりする動作で，もっとも文化的要素が強いといえる。たとえば，視線を合わせることによって相手の会話をさらに促したり，さえぎったりすることが当たり前の文化と，相手と視線を合わせること自体がよくないとされる文化があり，同じ動作が誤解の素となる場合がある。

⑤**適応動作**（adaptor）：状況に適応するために身につけた動作で，習慣化しているものが多い。たとえば，緊張したときに体をぶるっと震わせたり，口が渇いたときに唇を舌でなめるといった動作や貧乏ゆすり，ネクタイや指輪をもてあそぶといった動作がそれで，文化要素は低いといえる。

非言語メッセージは，言語メッセージに比べて非意図的なものが多いとされている。それだけに，思わぬ結果を招いてしまうことも少なくない。とっさの行動が，相手の誤解を招き，その後の関係にも影響を及ぼしてしまうことはよくある。何気ない行動が，往々にして「こいつは不愉快なやつ」というイメージを植えつけることになってしまう。そうなると，相手はもう何をやっても自分のことをそういうふうにしか見てくれない。その見方あるいは態度が，すべてに反映されてしまうのである（フッサール［1979］）。このイメージを変えることは容易ではない。だが，変わ

らないわけではない。お互いのコミュニケーションを通じて、互いの解釈も変わってくる。

沈黙の意味

ここで、文化によって意味づけが変わり誤解を招きやすい非言語メッセージ、**沈黙**について少し考えてみよう。

沈黙にはさまざまな意味がある。祈りを捧げるとき、人は沈黙の中で行う。押し黙っていることが、対立を表す場合もある。どうしていいのか分からない、といった混乱を示しているときもあるだろう。また、考えをはっきりさせる、集中して考える「沈思黙考」もある。

このように、状況によっていろいろな意味をもつ沈黙ではあるが、欧米と日本では沈黙に対する評価が分かれていることが報告されている。欧米では、自分の考えをはっきりと言葉に出して表現することがよいとされており、言語による表現能力が認知の複雑さ（cognitive complexity）と深く関係しているとされている。また、黙っていると、コミュニケーションしていない、あるいはする意思がないと見なされることもある。

一方、日本ではしゃべりすぎることが、かえってマイナスの評価につながることがある。そして、黙ってじっと考えている人の方が、思慮深いと思われることが多い。他者の話に耳を傾けることでコミュニケーションを図り、聞いた情報を基に考えをめぐらせていると見なすのである。沈黙に対するこうした評価の違いが、お互いの誤解を生む原因となりえることは容易に想像できよう。

ホールは、言語化されたメッセージが好まれない文化とそうでない文化の違いを、コンテキストという概念の高低で説明している（ホール [1979]）。**高コンテキストな文化**では、緊密な人間関係が

保たれているため，お互いが情報を共有している度合いが高い。そのため，いちいち細かく言語化して説明する必要がない。お互いに，その場の状況・脈絡から意味をくみ取れば十分意思の疎通ができるのである。そして，口数の多さはくどい，うるさいと取られる傾向がある。一方，**低コンテキストな文化**では，お互いの情報の共有が前提とはなっていないため，明確に言語化して自分の意図するところを相手に伝えなければならない。

双方のコミュニケーション・スタイルを比べてみると，言葉少なく意図を伝えられる高コンテキストの方が，より効率的だということになる。しかし，意図することが伝わっていたと思っていたのに，そうではなかったということもありうる。メッセージを言語化しないだけに，確かめようがない。したがって，高コンテキストなコミュニケーション・スタイルの方が，低コンテキストなものより効率的だということにはならないかもしれない。

だが，ホールのこの概念は，高コンテキスト，低コンテキストな文化と不確実性・曖昧さに対する許容度の違いの関係について示唆を与えてくれる。社会的移動性が高く，異なった文化背景をもつ地域で人とコミュニケーションを図るためには，曖昧さ・不確実性を抑えるために言葉による説明が必要となってくる。知らない土地に行った場合のことを考えると，いかに細かな説明が必要かが分かるだろう。

一方，変化の少ない地域では，いちいち言葉に出さなくても何となくお互いが分かり合えると思われている。また，曖昧なままあるいは不確実さを残したままでも，繰り返される日常においてはさしたる支障はないのである。近年，日本においても言語コミュニケーションの重要性が叫ばれるようになってきたが，こうし

た変化自体が日本社会の多様化を物語っているようである。

言語メッセージ

言語メッセージは，非言語メッセージに比べて，より高度な自己監視機能が働くとされる。つまり，人は口に出して言うときは，何を言うのか意識している場合が多いというのである。たしかに，何気なく出てしまった非言語メッセージ，たとえば喜怒哀楽の表情などと比較すると，言語メッセージは何をいうのか考えてから発っせられる場面が多いような気がする。

ところで，言語化して表現するとはどういうことであろうか。大きく分けて，2つの考え方がある。1つは古代ギリシャの哲学者，ソクラテスやイソクラテスがいうように，人間は言葉を使って考える，そのため的確な表現ができる人はより複雑な思考能力の持ち主であるというものである。とくに，組織だった教育の信奉者であったイソクラテスは，単純な頭の持ち主は，単純なスピーチしかできないし，逆もまたそうであるとした。ただし，彼は人は教育によって変わるものだともいっている。

逆に，老子は言語化はものの見方を固定化しかつ単純化する，だから自然発生的宇宙観を表しえないとして，自分の考えを書き記すことを拒否した。言語に習熟し，教育を受けるということは，現実とかけ離れた抽象的概念にとらわれてしまうことになるというのである。イソクラテスとは，まったく逆の考え方である。実際，道教の僧侶たちは，意識の流れと世界とを隔てる言葉への執着から逃れるために，自然の中へと帰っていった。そして，自然との一体化を図るために話すことを忘れようとしたのである。

だが，両者の言葉に対する見方は，根本的には一致している。つまり，言葉による表現には，その人の考え方やその人自身が反

映されているということである。イソクラテスは，だからこそ教育によって言葉を磨くことの重要性を説き，老子は言葉の呪縛から逃れることを勧めているのである。

言葉の選び方や表現の仕方1つにも，その人の人柄や人となりが反映される。そして，その人が生きてきた世界，社会や文化をも反映する。言葉を覚えるということは，社会の中で自己を形成していくことにほかならない（Piaget [1976]；ラカン [1972-81]）。言葉を通じてその言語共同体のものの見方や世界とのかかわりを学んでいくのである。

コミュニケーションは地平の融合

言葉や非言語，そしてその文化を学ぶということは，周りの世界と深くかかわっていくということにほかならない。世界とかかわっていく中で，われわれはさまざまな経験を積み重ねていく。考え方や感じ方，期待感や思い出など，経験を積み重ねるうちにどんどん変わっていく。経験によって積み重ねられていくものすべて，つまり人をとりまく脈絡とでも呼べるものが，「地平」である（フッサール [1974]；Gadamer [1975]）。「地平」はいわば自己の延長，あるいは自己を構成する土台とでも呼べるものである。

ある日，ブラジル人の友人がブラジル料理をごちそうしてくれるというので，呼ばれた。珍しい料理がたくさん出されたが，その中でもサラダに入っていたあるものには驚いた。筍のようではあるが，歯ごたえも味もちょっと違う。パルミートと呼ばれる椰子の芽を湯がいたものだということが，あとで分かった。

このエピソードは，「地平」の限界と可能性の両方を説明してくれる。未知の食べ物に出会ったとき，過去の経験にもとづいて筍

のようなものという判断を下したわけだが，今まで見たこともないものを理解するには，すでに知っているものとの比較においてしかしようがない。だが，その比較によって，両者の違いも見えてくる。パルミートという新しい食べ物のことを知りうるのである。

　人は，新たな状況に遭遇した場合でも，自分なりに状況判断をして (それが正しいかどうかは別として) 対処していける。これを可能にしてくれるのが，「地平」なのである。過去の思い出や知識，感情，文化，つまりさまざまな経験が織りなす「地平」，それを基に，新たな状況に対応していくのである。そして，さらに新たな経験を織り込んでいく。この新たな経験は，それまでの経験にも影響を及ぼすし，これからの経験にも影響する。「地平」はこのように，われわれの見方を規制すると同時に，新たな可能性も開いてくれるのである。

　他者と交わるということは，他の「地平」と交わるということにほかならない。たとえば，『源氏物語』を読むことは，その本が織りなす地平と交わることである。その本を読むことによってわき起こる感情や行動への影響といったものは，読者1人のものではなく，これまで『源氏物語』に触れてきた人すべてに共通するものかもしれない。『源氏物語』が教えてくれる世界，うんざりしたり興奮を覚えたりといった経験を分かち合うのである。しかし，同時にそれぞれの読者の経験は異なる。『源氏物語』を読むということは，自分だけの経験であり自分の解釈なのである。そして，それは10年前に同じ本を読んだ経験とも異なる。自分のものの見方自体，常に移り変わっているのである。われわれは，みずからの視点から脱却することはできないが，その視点は変化し続け

る。

　そして，他の地平と交わることによって，今まで知りえなかった自分を発見する。それはときとして，自己を危険にさらすことになるかもしれない。今まで自分は，ひとかどの人物だと思っていたのに，東ティモールの独立運動家に会って，自分が小さく見えてきたとか，高校時代，絵の天才と誉められその気になっていたのに，ピカソの絵を見て自分が惨めになったとか，こうした話はよく耳にする。

　コミュニケーションは，「**地平の融合**」(Gadamer [1975]) である。他者と出会えば，そこから何らかの新たな情報を得，それを自分なりに解釈するが，それと同じことを相手も行う。だが，ここで起こるコミュニケーション・プロセスは，情報のキャッチボール，あるいは2者の違いがはっきりと分かるような交わりではない。2者がはっきりと区別できないほどお互いに絡み合う，そういったプロセスである。いわば2者の遺伝情報が合わさって子どもへと受け継がれ，その情報が相乗作用を起こすプロセス (synergistic process) に似ている。それが，コミュニケーション，「地平融合」のプロセスである。

　もちろん，双方の出会いが，お互いの理解につながるとは限らない。だが，少なくとも2つの「地平」が出会えば，双方が影響を受ける。お互いの地平が他者へ向かって開かれ，お互いを変える。そして，その影響が「地平」全体へと広がっていくのである。また，その影響はどこまでも広がっていく。本を読むのをやめたから，電話を切ったから，会話をやめたからといって，そこでコミュニケーション・プロセスが終了したわけではない。さまざまなものとの出会いや交わりは，常にわれわれに影響を与え続ける。

「地平の融合」のプロセスに終わりはない。

文化の融合

人は、それぞれ異なった経験や考え方をもっている。だが、その独特な経験や考え方の中には、その人の属する文化圏に共通なものが少なくない。グループ内のメンバーであれば、誰もが同じ言語を話し、似たような価値観や信念などをもつだろう。いわば文化的地平を共有しているといえるのである。

異文化コミュニケーションと他のコミュニケーションを分かつ大きな要因は、それぞれの地平の違いが前者においては後者よりも大きいことであろう。たとえば、この本の著者の1人はまだ四国にはいちども行ったことがないが、同じ日本人として何となくそこの人たちの暮らしぶりは予測できるし、そこに移り住んだとしても何とかやっていけるのではないかと思っている。だが、アフリカのピグミー族の暮らしとなると、皆目検討がつかないし、一緒に暮らしていけるかどうか自信がない。

非常に異なった文化的地平との出会い、これが異文化接触といえる。そして、その異なる部分の大きい地平同士が融合のプロセスをたどる、これが異文化コミュニケーションである。つまり、他者とそのグループのメンバーが共有する「地平」と融合していくのである。たとえば、日本人がスウェーデン人と出会えば、直接接触するのは個人だが、その個人が共有するそれぞれの文化にも触れることになる。そして、お互いの文化が互いに影響を与え合う。あらためて自分の文化に気づかされたり、自分のアイデンティティが意識されたりするのである。

異文化接触は、人との接触だけとは限らない。たとえば、日本人がロシアへ旅をするとしよう。そこで、ソビエト連邦崩壊以前、

Column⑤ **ある国際結婚カップルの会話**

　ある国際結婚カップル（アメリカ人男性と日本人女性）に普段の会話を録音してもらい，それを分析した結果，次のような日本語と英語の混合が見られた。
　（日本人女性）*Sukoshi* chicken in it.［料理に「少し鶏肉が入っている」ことを相手に伝えている場面］
　（アメリカ人男性）We're gonna go to *okaasan*'s place tomorrow.［「明日，二人で（男性の）母親に会いにいく」ことを確認している場面］
　分析後，このカップルにこうした会話が頻繁に行われるのかたずねたところ，そうだと答えた。端から見ると奇妙だが，お互いにとってはもっとも自然で話しやすいスタイルなのであろう（Ikeda & Kelly［1992］）。

非常に人気のあったロシア製の車を見つけたとする。日本の車に比べて，貧弱でデザインもいまひとつである。エンジンも小さいしすぐに故障してしまうらしい。内装もぱっとしないし，乗り心地も悪そうである。だが，こんな車でも，手に入れるのに数年かかったうえ，第一，この車を所有すること自体が，非常に名誉なことだったのはそんなに昔のことではなかったことを聞かされる。思いがけないロシア製の車との出会いにより，旧ソビエトの経済・技術の実態を痛感させられることとなるだろう。また，日本においてきた自分の車のことを考え，相対的な日本の豊かさあるいは贅沢さに気づかされることだろう。

　異文化との出会いは，けっして自分の文化を捨てることではない。自分の文化を捨てることなどできない。また，相手の文化と同化してしまうのでもない。異質性を解釈するのは自分である。異質性を自分なりに解釈して取り入れていくのである。だからこそ，文化と文化の融合は非常にクリエイティブなものとなるのである。古くは「カレーライス」，そして最近の「ライスバーガー」

や「シュリンプバーガー」「カリフォルニアロール」など，文化融合によって生み出される商品はあとを絶たない。また，いわゆる国際結婚したカップルが，自分たち独自の話し方を生み出すのも，文化融合のクリエイティブな一面の現れといえよう (*Column*⑤ 参照)。

ゼミナール

1　われわれは意味のエコロジーの中で生きており，絶え間ない意味づけのプロセスを行っている。この意味づけのプロセスの中で，自己と文化がどのようなかかわりをもつのか考察してみよう。

2　既存のコミュニケーション・モデルの限界を整理してみよう。

3　コミュニケーションのフィールド理論について，説明してみよう。

4　人はコミュニケーションを避けることはできないとされているが，具体的な場面を想定しながらこのコミュニケーションの不可避性について検討してみよう。

5　異文化コミュニケーションにおいて，非言語メッセージは言語メッセージに比べて障害になりやすいといわれているが，その理由はどこにあるのだろうか。

6　われわれは，言語を通じてその言語共同体のものの見方や世界とのかかわりを学んでいくが，具体的にはそれはどういうことを意味するのだろうか。

7　コミュニケーションは地平の融合である。これは具体的にどういうことをいっているのだろう。

8　異文化接触により文化融合が起こるが，その具体的な例をあげ文化融合のプロセスをたどってみよう。

第3章　コミュニケーションと意識構造

意識が世界を構築する

スペイン軍に戦いを挑むアステカのインディオ（WPS提供）

　アステカ国家の滅亡：メキシコ中央高原各地を制圧し，その栄華を誇っていたアステカ国家は，16世紀初め，コルテス率いるスペイン軍に攻められ滅亡してしまった。「進んだ戦闘技術」を携えたスペイン軍を前に，アステカ軍はひとたまりもなかったという。だが，アステカ文明が，一瞬のうちにスペイン軍に滅ぼされてしまったのは，必ずしも武器の違いによるものではない。メンタリティ，意識の違いが勝者と敗者をいとも簡単に分けてしまったのである。部族内では有効であった魔術や儀式も，同じようなメンタリティを共有していないスペイン軍には利かなかった。個々の独立心が強いスペイン軍，機能的に優れていることが求められていたスペイン軍にとって，アステカ人民を滅ぼすことは，効率よく行う仕事以外の何ものでもなかった。

　このように，異文化衝突・理解のプロセスを知るためには，意識の違いにまで踏み込んで考える必要がある。

語りかける文化

ある日のゼミが終わった後，翔太は突然健二に呼びとめられた。そして，健二は翔太がたずねもしないのに，彼のサークルに今度入ってきた亜紀という女子学生のうわさ話を始めた。健二から聞かされた亜紀の話は，彼女がいかに嘘つきかとか，彼氏に対してどんなひどい態度をとるかといったたぐいのものだった。亜紀のことをよく知らない翔太にとって，健二の話を信じていいものかどうかは分からなかった。だが，翔太がこの出来事から直接知りえたことは，健二が亜紀の悪口をいうことを何とも思わない，いやかえって楽しんでいるようだったということと，健二が翔太もこの話を面白がるだろうと思っていたことである。つまり，健二は亜紀のことを語ったのだが，翔太はそのことから亜紀のことより健二のことが，よく分かったのである。

人の発言や行動には，その人そのものがにじみ出る。同じように，建物や道路といった物質や，結婚の儀式や子どもの育て方といった慣習，歌やダンス，そのほかありとあらゆるものにもその社会・文化が反映されている。あらゆるものが，われわれに語りかけてくれるのである。町並みを眺めたり，その町の人々のやりとりに触れるだけで，今まで知らなかった町のことがずいぶんと分かってくる。

エジプトのピラミッドが，単なる石の固まりだという人はいないだろう。われわれはピラミッドを造った人たちを知っているわけではないが，その造られたものから多くを知ることができる。これだけの建造物を造った人々である。一所懸命働いたことであろう。均整のとれた構造である。ピラミッドの製作に携わった人の多くは，論理的な思考の持ち主であっただろう。そして，ピラ

ミッドのデザイナーが，非常に高度で豊富な知識をもっていたことも間違いない。また，多くの人の手で建造されたものであろうから，その人員をまとめるための監督者の手腕も相当なものであっただろう。そして，その働き手に対して支給される飲み物や食べ物もかなりの量に上っただろう。このことは，さらに当時の農産物の生産高が高かったことも示している。

当時のエジプトの人々に，こうしたピラミッドを造る能力があったことは紛れもない事実であるが，それ以上にこの建造物が教えてくれるのは，ピラミッドを是非とも造らなければいけない，それが非常に大きな意味をもつと考えていた人たちがいたということである。これだけの資源を投入しそしてほかを犠牲にしてまで，造ることに情熱を燃やした人々の野望が見えてくる。この野望の実現のためには，ほかの多くの人々を犠牲にしてもかまわないという，当時の価値観がうかがえるのである。

さらにピラミッドは，当時の人々の死に対する態度を教えてくれる。死へのあるいは神/宇宙への大いなる畏敬の念が，エジプトの民にピラミッドという巨大な墓を造らしめたのである。ファラオの亡骸（なきがら）を粗末に扱うようなことになれば，その怒りを買い，エジプトはイナゴの被害に見舞われる，あるいは暗闇の世から抜け出せなくなる（旧約聖書）と信じていたのである。このように，ピラミッドという巨大な石の建造物から，当時のさまざまな人間模様，価値観などが読みとれるのである。当時のエジプトの社会・文化を，ピラミッドは表現しているのだといえる。そして，そこには何の意味も隠されていない。われわれの前にすべてをさらけ出し，われわれが問いかければ語りかけてくれるのである。

> さまざまな文化とその
> つながり

ヨーロッパにおいては，かつては教会や大聖堂が当時最高の技術をもって建てられた建造物であった。しかし，時代が移り変わるとともに，官公庁の建物が宗教的権威にとって代わり，そして今では大企業のビルがその高さと技術を誇っている。それぞれの地域，時代を代表する建造物が，われわれにその建造物を欲した人々の欲望とそれを満足させるべくした技術のほどを教えてくれるのである（キャンベル & モイヤーズ [1992]）。

アフリカやアジアを旅すると，いまだに宗教に関する建物が権威を誇っている地域が多く残っている。だがその一方で，大企業のビルや観光ホテルが誇らしげに並んでいる都市や観光地の姿も目につく。権威の象徴となる建物は，地域や文化，時代によって異なる。また，それぞれの建物の大きさ・構造・形式からも，その文化の特徴が見えてこよう。建物1つを例にとってみても，さまざまなことが分かってくるのである。

世界中，実にさまざまな文化が存在する。そして，それぞれの文化共同体はユニークな世界観をもっているように見える。だが，現象学者でかつ比較文明・文化学者であるゲブサーが，世界中を旅して出した結論は，そのバラバラに存在するように見える世界観も，**意識の「次元」**によって，大まかにいくつかに分類できるというものだった。そして，それぞれの違いは，表現されたものを見れば明らかであるとした（Gebser [1985]）。**ゲブサーの意識構造理論**を援用して，この章では意識とコミュニケーションの問題を明らかにしていきたい。あとで述べるように，この問題を明らかにすることは，異文化コミュニケーションをより深く理解するためには非常に重要である。

Column⑥ ジャン・ゲブサー

1905年，プロシア（現ポーランドの一部）に生まれたジャン・ゲブサー（1973年没）は，一部の欧米の学者の間では比較文明・文化学における第一人者と評されているが，残念ながら日本ではまだ知られていない（ゲブサーの理論に関しては，池田［2000a］［2000b］に紹介されている）。ユング研究所で数年教鞭をとっていた時代を除いては，一所にとどまらない人生を選んだゲブサーは，アカデミックな評判をえにくい立場にあった。画家のピカソや，詩人のロルカ，物理学者のアインシュタインやハイゼンベルク，建築家のギーディオンといった幅広い分野の第一人者との個人的な交流や世界中を旅した経験を基に理論構築を行い，その集大成として，1949年にドイツで *Ursprung und Gegenwart* を出版した。ゲブサーの代表作といわれている。1985年にその英訳 *The Ever-Present Origin* がアメリカで刊行された。ゲブサーの理論は，ホール，M. マクルーハン，H. A. イニスといった学者にも大きな影響を与えた（Kramer［1992］）。

意識とコミュニケーション

意識がそれと知覚されるのは，必ず「……の意識」としてである。つまり，具体的なコミュニケーション現象の中にそれぞれの意識が現れる。たとえば，日本人が第二言語として英語を話すという具体的なコミュニケーション現象を見た場合，話された英語の中には，どうしても日本語的な発想が見えてくる。母語とその意識構造が，英語のネイティブが話す英語と異なったものを生み出す。このように意識構造は，具体的なコミュニケーション現象となって現れる。周りの世界とは，自分が意識のまなざしを向けた世界であると先に定義したが（第2章），意識とコミュニケーションの関係も同様である。

さまざまな意識構造を見ていくことにより，意識・世界観とコミュニケーションの関係がより明らかになり，いろいろなコミュニケーションのスタイルがあることが分かるだろう。さらに，こ

うしたさまざまな意識のぶつかり合いによって,お互いに分かり合えなかったり,対立が生まれたりする。または,逆に新たな発見につながったりもする。異文化コミュニケーションでまず必要なのは,違いに気づくことである。

　日本人大学生真弓の異文化体験例を見てみよう。真弓は南アフリカから来た留学生ピネを家に招待した。ところが,ピネは真弓の父がアフリカを旅行した時に買ってきたお面を見たとたん,家を飛び出してしまった。そのお面は,ピネにとっては,「死」そのものを意味していた。あとで事情が分かった真弓は,自分がいかにピネの文化について知らなかったか反省すると同時に,もっとピネのこと,そしてその文化について知りたくなった。真弓はピネの自分とはまったく異なった世界観に触れて,新鮮な驚きを覚えたのである。

　では,この2人の意識の違いはどのように説明できるだろうか。真弓にとっては,単なる飾りものあるいはせいぜい死の象徴でしかなかったお面が,ピネにとっては「死」そのものであったのである。こうした2人の態度の差は,次の3つの意識・世界とそのコミュニケーションの違いから説明することができる（Gebser [1985]; Kramer [1997]）。まず,マジックな世界,神話的世界,そして記号的世界とそれぞれのコミュニケーションについて,考えてみよう。そのあとで,それぞれの関係について検討する。

マジックな世界とコミュニケーション

　手作りの限られた道具で生活を営む,そして一生を自分の生まれた部族内で過ごす,いわゆる原始的な生活を思い描いてみよう。そこには,法律や組織図など書かれたものは存在しない。いや,そういった媒介物は必要ないのである。人とその周りの世

界が，媒介物など必要としない，より緊密な関係を結んでいるのである。人が創り出した文化，自然，そして超自然といった分化さえ始まっていない。いわゆる自然と一体化した生活で，精霊や神々も自然の中に宿っている，そういう世界が **マジックな世界** なのである。文化人類学者は，こうした世界を「**アニミズム**」と呼ぶ。

マジックな世界では，言葉は物そのものである。言葉は媒介ではありえない。魔法の呪文は，それ以上でもそれ以下でもない。呪文は，何かを表しているのではなく，呪文以外の何物でもありえない。人や物につけられた名前もそうである。映画『ダンス・ウィズ・ウルブズ』(1990年，ケビン・コスナー監督) に登場したネイティブ・アメリカンの名前が，非常に具体的だったのを覚えているだろうか。映画のタイトルとなっている白人主人公に与えられた名前 (「狼と踊る男」) や「拳をあげて立つ女」「風になびく髪」といったように，その人物の具体的特徴が名前から分かるようになっているのである。これは名前とその人物との間に，指示と指示されるものといった分化が起こっていないことを示している。名前とその人物は，まったく同一なのである。

さらに，踊りや儀式も何かを象徴しているのではなく，行為そのものである。カイオワ族の勝利の踊りは，過去の勝利を称えているのではない。闘いは過去のものではなく，闘いは踊りを踊っているその場で行われているのである。闘いを体現しているのであって，再現している (represent) のではない。

マジックな世界では，ものとそれが意味するものといった分化は起こりえない。前述の南アフリカからの留学生ピネにとっては，〈お面＝死〉なのである。ピネはマジックな意識・世界に住んでい

たからこそ，ああいった反応をしたのである。また，オー・ヘンリーの小説『最後の一葉』に登場する女性主人公にとっては，1枚残った蔦の葉が散ることは「死」そのものを意味した。「死」の象徴などではありえなかった。

マジックなコミュニケーションは，このような世界観を反映している。字義どおりの意味と比喩といった分化はありえない。マジックなメッセージには，文字どおりの意味しかない。テレビ・コマーシャルのメッセージは，魔法の呪文のように，この化粧品を使えば美しくなれると訴えかける。魔法にかけられた消費者は，それを信じて買ってしまう。魔法にかけられなかった，または魔法が利かなかった人はその商品を買わない。マジックなメッセージは，魔法が利くかどうかが問題で，メッセージの内容が正しいかどうかは問題ではないのである。

神話的世界とコミュニケーション

神話的世界に住む人々は，アニミズムを捨て去った。森羅万象に宿っていた精霊や神は消え去った。その代わりに，人々は精霊や神を象徴する偶像などをもつようになった。偶像は，精霊や神そのものではない。つまり，神話的世界では，指示と指示されるものの区別がなかったマジックな世界に比べて，両者の間に距離が生まれてきたのである。自然と人間の関係も，マジックな世界の一体化に比べて，少し距離をおいた関係となった。猛り狂う自然をなだめようとか，自然のリズムに合わせようとする態度に両者の距離が見える。そして，ここに自然をコントロールしようとする意識の萌芽が見て取れるのである。だが，自然はまだ人間の手に負えるものではない。神話的世界では，自然との対立よりも調和を求めるのである。

第3章　コミュニケーションと意識構造

では，指示と指示されるものの間に距離が出てきたとは，具体的にはどういうことなのだろう。たとえば，位牌はご先祖様そのものではないが，それを象徴している。位牌とそれが表すものの間には，何らかのつながりがある。位牌は単なる木の板ではないし，自分の家の仏壇に祀ってある位牌が仮になくなったからといって，単純に他の位牌で代用するわけにはいかない。僧侶の力を借りて，新しくわが家の位牌を作ってもらわなければならないだろう。このように，〈位牌＝ご先祖様〉といった一体感はなくなったものの，両者には何らかの感情的なつながりがある，これがシンボリックな神話的関係ということである。

　失われた一体感を取り戻す（完全には取り戻せないが）ため，ご先祖様と家族を結びつけるためには，その媒介として僧侶の力が必要となってくる。人と共にあった精霊や神は，人の手の届かない世界へ行ってしまったのである。前者と後者の関係は，ヒエラルキーなものとなってしまった。そして，両者の橋渡しをする特別な階層が必要となってきた。牧師や僧侶といった教典を解釈する者の力が増大していくのである。人と神や仏，そしてその媒介者の力関係は，社会階層にも映し出され，階層差はさらに広がっていく。しかし，この差を生み出す原動力は，個人の能力ではない。血統や宗教的権威にもとづいたもの，つまり広い意味での「神話」にもとづいたものである。メンバー間の力の差が問題とならなかったマジックな部族社会と比べて，シンボリックな神話的世界では，次第に細かな階層へと分化していくのである。

　「神話」にもとづいた力を保持するためには，**曖昧でかつ戦略的なコミュニケーション**が必要となる。嘘も芸のうちと見なされるようになる。フィクションや劇が生まれるのも，シンボリックな神

Column ⑦ 陰と陽

2極への分化，2つであり1つである世界を象徴的に表しているのが，陰陽のシンボルである。円を構成する陰と陽の関係は，2つに分化しているように見えるが，それぞれの小さな点をお互いが内包する形をとっており，完全な分化には至っていない。つまり，2つの関係は補完的なものといえる。陰陽のシンボルは，シンボリックな神話的世界を象徴しているといえよう。

話的世界においてである。そこでは，曖昧で**比喩的な表現**が好まれる。

だが，比喩的な表現の中に現れる関係性と同様，神話的世界における関係性は恣意的なものではない。「カモシカのような脚」とか「能面のような顔」といった比喩的表現においては，カモシカと脚，能面と顔はしっかりと結びついている。カモシカや能面を他のものでおきかえるわけにはいかない。そこには，何らかの感情的・情緒的つながりがあるのである。位牌とそれが意味するご先祖様との間にも，何らかの感情的つながりがある。だからこそ，位牌が盗まれたからといってほかの何でもない板きれですげ替えるわけにはいかないのである。マジックな一体感の名残とでも呼ぶようなものが残っているのである。

そうした，曖昧な一体感は，人間関係やコミュニケーションにも反映する。シンボリックで分化が完全にできていない状態では，自分と他者との関係も曖昧である。個人をあくまでも集団の一員と捉える，その集団と個人の関係や，母親が子どもを自分の分身と捉える，そうした親子関係は，シンボリックで神話的関係とい

え，こうした関係性は，言動にも現れる。A社の部長である高木さんは，名前ではなく「部長」と呼ばれている。名前を呼ばれると時々違和感さえ覚える。また，高木さんの妻は自分の子どもの将来をまるで自分のことのように話す。

記号的世界とコミュニケーション

指示と指示されるものの関係の分離が進み，ついに完全に分離してしまうと，その関係性は**恣意的**なものとなる。そして両者の関係は，具体的なものから**抽象的**なものへと変わってしまう。ものの価値が具体的な形となって確かめられていた物々交換から，貨幣での取引，そしてついには電子マネーの登場となると，抽象性がますます高くなっていき，ものの価値が実感できなくなってしまう。また，コンピュータのチップのように，交換可能で恣意的な関係性の中では，感情的なつながりは希薄となる。役割，機能さえ果たせばよいことになる。神話的世界の感情的なつながりが，**記号的世界**では**交換可能で機能重視の関係**となるのである。

この世界では，コミュニケーションにおいても機能が重視され，目的を果たすことが重要と考えられる。人の識別を名前ではなく恣意的な記号で行う場合，識別という機能・目的は果たされるが，名前のもつさまざまな意味合いは無視される。「1，2，3」と番号をたまたまつけられた人は，「a，b，c」でもよかったかもしれない。その人と「1，2，3」あるいは「a，b，c」の間には，何ら情緒的つながりはない。前者と後者はそれぞれ独立しており，機能性という目的で結びつけられているにすぎない。こうした機能重視の関係の中では，人がまるでモノのように扱われる危険性がある。

自然と人間も，対立関係におかれる。人間が自然に合わせるの

ではなく、いかにして自然をコントロールするかが問題となってくる。科学技術の力を借りて、自然の力を統御しようとする。

さらに、自分と他者の関係においては、それぞれの独立性が重視される。つまり、自分と他者を含む周りの世界が完全には分化していなかった神話的世界と比べて、記号的世界では、自分と他者の間に完全な分離が成り立ち、いわば距離のある状態が生まれる。そこでは自己の客観的評価が可能となり、個人としての権利と責任を強く意識することになる。

だが、常に他者との密な関係性の中で自己を確認していた神話的世界と比べて、個々がほかと切り離された状態におかれる記号的世界では、アイデンティティの危機的状況も起こりうる。他者との関係が希薄で、自己を確認するすべがなくなる、あるいは恣意的な他者との関係性の中で自分を失ってしまう、ということが起こるのである。極端な孤独に陥りやすいともいえる。

都会のスーパーやコンビニでは、一言も口を開かなくても買い物という目的を果たすことはできる。おそらくどこのスーパーやコンビニエンス・ストアに行っても、同じであろう。記号的コミュニケーションは、機能的ではあるが、機械的で無味乾燥なものとなりやすい。

3つの意識・世界の関係

次に、この3つの世界の関係をまとめてみたい。まず、すでに述べたことだが、マジック、神話的、そして記号的世界へと移っていくにつれて、指示とそれが指示するものの関係、自己と他者との関係が次第に距離のあるものとなっていくことである（図3-1）。同一性から、曖昧さの残る2極化、そして完全な分化への移行である。

自然と人間の関係も、マジック、神話的、そして記号的世界へ

図 3-1　3つの意識・世界の関係

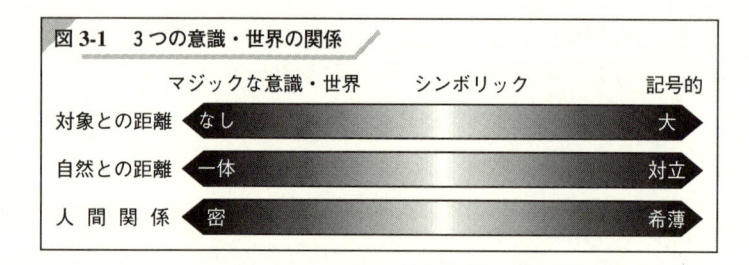

	マジックな意識・世界	シンボリック	記号的
対象との距離	なし		大
自然との距離	一体		対立
人 間 関 係	密		希薄

と移るにつれて，一体となった状態から対立状態へと変わっていく。

ゲブサーは，マジックな意識を **1 次元的世界**，神話的な意識を **2 次元的世界**，そして，記号的な意識を **3 次元的世界** と呼んでいるが，意識の次元が増すにつれて，相互の分離が次第に進んでいき，抽象性が増していく，そういった構図が浮かんでくる。これを筆者の1人である E. M. クレーマーは「*次元の増加と分離理論*」と呼ぶ (Kramer [1997])。

さらに，この3つの次元の関係は **重層的な関係** にある。つまり，次元の移行/増加によって前の世界・意識がなくなってしまうわけではなく，新たな意識がさらにつけ加えられるのである。たとえば，神話的な意識に目覚めたからといって，マジックな意識が消えてしまうわけではない。マジックな意識も潜在的には残るのである。だからこそ，南アフリカから来たピネの気持ちが，真弓にも分かったのである。真弓にマジックな意識がまったくなかったとしたら，ピネのマジックな世界は理解できなかったであろう。

われわれの意識構造はこのように大きく分けて3つに分類されるが，実際に現象となって具体的に現れる際には，複雑な様相を呈する。マジック，神話的，そして記号的意識へと順に移り変わっていくわけではない。いつ，どういった意識が優勢となるのか

は，予測できない。いつも冷静で非常に合理的な人物が，芝居や映画を見て涙が止まらなくなったりすることもある。合理的・機能的な記号的世界に生きていたこの人物が，突然物語の中に引き込まれていった，つまり神話的な意識が芽生えたのである。また，冷静にテレビ・ドラマを見ていた人が，あるシーンを境に自分と登場人物をまるで一体化するように感情移入をしてしまうことがある。これも，記号的な意識が優勢な状態に，突然神話的な意識，あるいはマジックな意識（一体化が強い場合）が現れたと説明できる。また，常にテレビ・ドラマを覚めた目で見ている人でも，同じドラマに感情的に反応する人の気持ちが分からないわけではない。ほかの意識構造が潜在的に存在するからである。

ゲブサーは，こうした意識の突然の変異および重層的変化を**プラス・ミューテーション**と呼び，直線的変化を意味するマイナス・ミューテーションと区別している。マイナス・ミューテーションとは，H. スペンサーをはじめとする社会進化論，つまり社会は決められたゴールをめざして発展していくとする理論と考え方を一にする。意識・世界の変化も社会変化と同じように発展的展開をとげ，より高度な世界へと進化していくとするのが，マイナス・ミューテーションである。いわゆる弱肉強食の世界で，より高度な強者のみが生き残っていく世界を想定しているのである。だが，社会や意識・世界は何に向かって進んでいくというのだろうか。また，何をもって発展と見なすのであろうか。

1つの見方として，マイナス・ミューテーションが前提とする世界は存在しうるが，あくまでもそれは1つの視点であってそれが唯一正しい見方ではない。それよりも，いくつかの意識・世界が重層的に存在し，その意識・世界が突然潜在化・顕在化すると

するプラス・ミューテーションの方が，説得力がある。とくに，異文化接触の動的変化を説明するのに役に立つ理論といえる。

意識・世界の衝突と異文化コミュニケーション

では，異質な者同士の出会いの場面を見てみよう。たとえば，親離れのできていない学生，つまり神話的な世界に生きている学生剛が，独立心が強く記号的世界・意識が優勢な学生幸夫と寮の同じ部屋で生活を始めたとする。いつも何かたずねるたびに，自分の意見ではなく母親はどう思うだろうとか，父親はこういっていたと答える剛に対して，幸夫はいらだちを覚える。剛もなぜ幸夫がいらだつのか分からない。しかも剛には幸夫が自分勝手でわがままだと思えてならない。しまいには言い争いになるかもしれない。あるいは，口も開かないほど険悪な仲になるかもしれない。このように，異なる意識構造・世界観をもつ者同士が出会った場合，コミュニケーションがうまく図れない可能性がある。

同じものに対して，まったく異なった態度を示す者同士もお互いに理解し合うのは難しいだろう。たとえば，元イギリス皇太子妃のダイアナさんがイギリスの象徴だと思っている人にとって，彼女の不慮の事故死は耐え難いほどの痛みを伴うニュースだったはずである。だが，ダイアナさんに対して何の思い入れもない，むしろ贅沢三昧に着飾っていた女性と見ていた人にとっては，痛ましい事故ではあったがそれ以上の感情はわかないだろう。この2人が，事故についてお互いに語る機会があったとしたら，喧嘩になってしまったかもしれない。お互いの世界がまったく違うのである。

しかし，だからといって異なった意識・世界をもつ者が理解し合えないかというと，必ずしもそうとは限らない。たとえば，剛

と幸夫の2人は，自分たちの考え方がまったく違っていることに初めは気づかないかもしれないが，ある時ふとお互いの見方の違いを認識するかもしれない。剛も幸夫も相手の意識構造・世界観を潜在的にもっているため，お互いの理解が可能となるのである。繰り返しになるが，ある意識が優勢であるということは，ほかの意識が消えてしまったことを意味しない。ほかの意識も潜在的に存在する。そして，ある時不意に現れたりもするのである。潜在的なほかの意識が存在するからこそ，自分とは異質な者とも分かり合えるのである。

　異文化コミュニケーションを理解するためには，このように根本的な意識・世界の違いにまで踏み込んでいく必要がある。

ゼミナール

1　昔からの歌や語り継がれる神話を見れば，その文化がどのようなものかが分かるといわれている。具体的な歌や神話をとりあげ，そこから見えてくる文化的特徴とはどのようなものか考えてみよう。

2　マジックな意識・世界の特徴とはどのようなものか，整理してみよう。また，そこではどのようなコミュニケーションが行われているのか，例をあげて考えてみよう。

3　神話的意識・世界の特徴とはどのようなものか，整理してみよう。また，そこではどのようなコミュニケーションが行われているのか，例をあげて考えてみよう。

4　記号的意識・世界の特徴とはどのようなものか，整理してみよう。また，そこではどのようなコミュニケーションが行われているのか，例をあげて考えてみよう。

5　意識の次元が増すと相互の分離が進んでいくとする次元の増加と分離理論，意識の重層的変化を前提とするプラス・ミューテ

ーション理論を基に，3つの意識・世界の関係を整理してみよう。
6 異なった意識・世界の衝突が異文化対立を生み出すが，その具体例をあげ，対立の要因を検討してみよう。

第II部 空間・時間・言語と「故郷」

★異文化コミュニケーションが文化融合であることは第Ⅰ部ですでに述べたが，第Ⅱ部（第4章から第7章）では，その基本的なプロセスを見ていく。

★融合のプロセスとは，いわば新たな「場」，ひいては「故郷」の形成といえる。そこには，文化を構成する基本的要素である空間・時間の認識および言語が複雑に絡んでくる。

★第4章「空間の認識」では，空間の捉え方にはさまざまなものがあり，それによってコミュニケーションの形態も変わってくることを提示する。対人関係と距離の相関関係およびその文化的相違，空間の認識とその世界観がどのように人間関係やコミュニケーションに反映されるのかを具体例をもって説明する。

★空間と同様，時間の捉え方もさまざまで，それが人間関係やコミュニケーションに反映する。第5章「時間の認識」では，時間に関する主要な理論3つをとりあげ，時間認識の差異がいかに異文化接触において重要な意味をもつかを説明する。

★言語は，世界をまとめる力，グループの結束を促す力，分断を求める力といったさまざまな力をもつ。また，アイデンティティとも密接にかかわってくる。第6章「言語の力」は，単なる道具ではない言語の複雑な力を解き明かすとともに，言葉が異文化コミュニケーションの限界と同時に可能性を示してくれることを示す。

★われわれが生きている「場」，それを作り出しているのがそこにかかわる人々のさまざまな経験である。そして，その経験に大きく関与しているのが空間・時間の認識と言葉である。人は，新しい環境の中で，慣れ親しんだ空間や似たようなペースで生活している人を見つけるとほっとする。また，聞き慣れたアクセントや同じ言語を耳にすると懐かしさを覚える。さらに，慣れない場所であっても，自分にとって安心できるような場を作り出そうとする。つまり，新たな「故郷」の形成を試みるのであり，新たな文化との融合を図るのである。このように，第7章「場の形成」は文化融合プロセスの具体的な表出である「場」および「故郷」の創出について説明する。

第4章 空間の認識

その多様性を理解しよう

蔡伯勵の事務所（出典：向井裕一＋村松伸『現代亞州城市觀察 香港―多層都市』1997年，東方書店刊）

　香港の風水師：「香港というのは，ヴィクトリア・ピークがもっとも重要な山なのだ。九龍半島を通ってやってきた龍脈が，海にもぐり，香港島に渡る。その後，ヴィクトリア・ピークに達する。ヴィクトリア湾は風水の地形でいえば『水』に相当する。で，九龍半島にある山が，『気』の発散を防ぐ屏風の役割を果たしているのだ。だから，ヴィクトリア・ピークを背に，九龍を向くのがこの香港島にとって正しい風水だ」（村松［1997］）と，香港風水の第一人者の1人，蔡伯勵（チョイ・パークライ）は説く。

　近代的ビルが建ち並ぶ香港である。だが，そこでは蔡氏のような風水師が数多くプロフェッショナルとして活躍している。香港では，風水は単なる迷信として片づけられない。香港人の生活の一部となっている。彼（女）らは建物が機能的であると同時に「気」が充満した空間であることを望む。だからこそ，建物を建てる際，風水師に依頼して正しい配置を教えてもらうのである。風水の教えと近代建築が，共存しているのである。

当たり前すぎる日常生活

「おはようございます」と声をかけた山田さんに，鈴木さんが「おはようございます」と答える。山田さんが「10月に入ったというのに暑いですねえ」と続けたのに対して，鈴木さんが「そうですねえ」と相づちを打つ。ごくありふれた日常の挨拶である。だが，もし鈴木さんが相づちを打つ代わりに，「実はですねえ，この暑さの原因は……」と延々と説明し始めたらどうだろうか。おそらく山田さんは面食らってしまうのではないだろうか。

今まで何気なく行っていた挨拶，その意味などあらためて考えることなどなかったのに，鈴木さんの型破りな挨拶で急にその状況が気になり出す。挨拶におけるルール違反を犯した鈴木さんが，腹立たしく思えてくるかもしれない。そして，挨拶とは鈴木さんのような受け答えではなかったはずという思いがわいてくる。いわば「**後景**」として存在していた挨拶という行為が，「**前景**」へと浮かび上がってくるのである（シュッツ [1980]）。

このように日常の何気ない行為は，破棄されてみて初めてその何気なさに気づかされ，そしてあらためてその行為の規則性を知るのである。社会学者 H. ガーフィンケルが行った「**期待破棄実験**」も，学生に対して前述の鈴木さんのように日常期待されているルールを意図的に破るよう指示を与え，それによって相手の反応を見るというものであった。そして，この日常性の打破によってその日常性を明らかにした（Garfinkel [1967]）。逆に言えば，われわれをとりまく日常世界そしてその規則性は，あまりにも当たり前すぎてふだんは見えてこないのである。

現象学者フッサールは，われわれが日常慣れ親しんでいる世界，日々経験を積み重ねているこの世界を「**生活世界**（Leibenswelt）」

と呼んでいる。そして、この生活世界はあまりにも当たり前でその存在・あり方すらも疑われない。毎朝太陽が東から昇り、夕方西に沈むことなど当然すぎて気にもとめない。まして不思議に思うこともない。蛇口から水が出ない可能性があるとは思いもしないから、ためらうことなく蛇口をひねる。このように、われわれの日常生活は自明の事柄であふれているため、あえてふと立ち止まって考えたり、考え直したりすることはあまりないし、そうするとかえって日常生活がスムーズにいかない。フッサールは、こうした態度を「**自然的態度**」と呼んでいる（フッサール [1979]）。

だが、ひとたびこの日常性が何らかの要因で崩れると、立ち止まって考えざるをえなくなる。

新しい世界が見えてくる

ある日、ガリレオはいつものように教会のいすに座っていた。そして何気なく上を見上げると、ランプがまるで振り子のように揺れているのに気がついた。そして、直感的にその揺れの速さとロープの長さに何らかの関係があるのではないかと思った。これが、ガリレオが振り子の法則を見つけるきっかけとなったといわれている。

科学者は、ガリレオのように何気ない日常の出来事に疑問を投げかける。世界を通常と異なった角度から見ようと試みるのである。しかし、これは容易なことではない。自明のことというのは気にもならないものだからである。誰しも自然的態度が身についているのである。

だが、われわれも時としてこの自然的態度を**反省的態度**に変える、つまり自明のことに疑問を投げかけざるをえなくなることがある。たとえば、事故で足を骨折し、車椅子の生活を余儀なくされたとしよう。今まで何の苦労もなく歩いていた道が、いかに幅

第4章　空間の認識

が狭くまた段差が非常に多いか気づかされるだろうし，用をたすのがこれほどたいへんだったとは夢にも思わなかったのではないだろうか。さらに，周りの人の態度がよかれ悪しかれ微妙に変わったことに気づかされるかもしれない。車椅子の生活が今まで気づかなかったものに気づかせてくれるのである。

　知らない土地を旅し初めての経験をすることによって，新たな世界を知ることもある。今まで信じて疑わなかったこと，唯一正しいと信じ疑問を投げかけることすらなかったことが，そうではなかったことを，違う世界に触れることであらためて知らされるのである。日本人留学生が，初対面のホスト・ファミリーに突然抱きしめられて (hug) 困惑した経験は，初対面の人との礼儀正しい挨拶という彼の常識が崩れた瞬間でもあっただろう。このように，異なった文化に触れることによって，今までの自分の世界が急に変わってしまう場合があるのである。

空間の認識とさまざまな感覚

　外国を旅すると，いつもと異なった空間に身を寄せている自分に気づき，興奮を覚えたり不安になったりすることがよくある。文化の重要な要素の1つが，空間の利用の仕方，つまり人や物の空間における配置の様子である。ふだんはほとんど気にとめることもなかったのに，異なる空間におかれて急に気になり出すのである。

　文化によって，町のあり様や生活空間は異なる。フランスやスペインの町に行ってまず気づくのは，広場を中心とした町の作りや，ロープにかけられた洗濯物が風にたなびく様子ではないだろうか。アメリカの都市に行くと，碁盤の目のように整備された町並や，貧富の差が一目で分かるその地域格差に気がつくだろう。

アメリカ中西部を車で旅すると、一瞬のうちに通り過ぎてしまう小さな町が点在する。また、いくら走っても同じ景色が延々と続く。そこで暮らす人々は、変化の乏しい空間に囲まれて生活しているのである。

異文化コミュニケーションの分野では、さまざまな空間の捉え方に関してあらゆる角度から研究がなされてきた。その代表的なものの1つが、ホールの**近接空間論**（proxemics）である。近接空間論とは、人がどのように空間を利用するのか、そしてそれがどのように人のコミュニケーションと関連しているのかに関する理論である（ホール [1970]）。

人はあらゆる感覚を使いかつ統合して、空間を認識する。視覚が空間の認識に大きくかかわっていることは、誰しも経験上知っていることである。空間の大きさ、形、色といった情報は視覚を通じて入ってくる。だが、聴覚によってもそうした情報は入ってくる。音の反射速度によって、空間の大きさや形を知ることができる。また、耳障りな音に囲まれていると、その空間は不快なものに思えてくる。逆に、心地よい音が流れていれば、身をおく空間も心地よいものとなる。だからこそ、劇場やレストランではその場所の雰囲気やムードを壊さないよう、携帯電話の電源を切るように求められているのである。

さらに、人は嗅覚によっても、距離や空間の大小、あるいはその空間が心地よいものであるかどうかを判断する。知らない土地を旅すると、それまでなじみのない臭いに圧倒されてしまうことがある。たとえば、インドネシアのバリ島を旅行したとすると、至る所で漂うお供え物の臭いに圧倒される。そしてこの臭いがバリという空間の認識に大きく関与する。

一般に，空間の認識において，ヨーロッパ人は視覚および聴覚，そしてアラブ人は嗅覚に頼る傾向があるとされている。アラブ人は臭いによって人の性癖を認知するといわれているため，対人関係においてお互いが嗅覚範囲にいることが重要となる。そのため，たとえばアラブ人とアメリカ人を比較した場合，アラブ人の取る対人間の距離はアメリカ人のそれよりも小さい（ホール［1970］）。

　皮膚を通じて感じられる温度も空間の認識に大きな影響を与える。通常，人は自分が座って暖まった席に戻ることには抵抗を感じないものの，他人のぬくもりが残る席に座るのは心地よいと感じない。また，温度や湿度によっても周りの空間を込み合っていると感じるのかそうでないのか異なる。ゆえに，暑いときには人混みを見ただけで暑苦しいと感じ，まして人混みの中ではすぐに息苦しくなる一方，寒いときはそれほど気にならないのである。

　触覚も空間を認識するうえで重要な役割をはたす。心理学者のJ. ギブソンによると，人は触覚による空間の認識によって自分と対象物を分け，視覚による認識によって対象物同士を分けるという（Gibson［1950］）。さらに，空間の認識を視覚に頼る傾向があるのかそれとも触覚に頼るのかは，文化によって変わってくる。M. ベイリントは，前者を視覚中心の世界，後者を触覚中心の世界と呼んでいる。そして，触覚中心の世界の方が，視覚中心の世界に比べ，より直接的で友好的であるとしている（Balint［1945］）。また，一般的に日本人やアラブ人は欧米人に比べて，混雑に対する許容度が高いといわれている。混雑した通勤電車に乗っている日本人を見ると，納得せざるをえないのではないだろうか。また，イタリア人のように人と話しながら相手によく触る文化と，ドイツ人のようにある程度距離をおいて接する文化もある。

固定空間と半固定空間

　近接空間論の中でも，**固定空間** と **半固定空間** の概念は，空間の認識における文化差を考えるうえで重要である。ここでは，家具や壁といった周りをとりまく環境に存在する物体の移動性を問題としている。たとえば，ドイツでは重厚感のある家具が好まれ，それが壁に密着するような形で配置される。部屋もしっかりとした壁やドアで囲まれ，音が漏れにくい構造になっている。プライバシー重視の考えがこうした形となって現れているといえる。

　固定空間を顕著な特徴とするドイツの家屋に比べ，日本の伝統的な家屋は半固定空間を特徴とする。移動可能な座卓が中央におかれ，必要のないときは（たとえば，布団を敷くときなど）とり払われる。ふすまや障子で仕切られた部屋は容易に開閉され，2つの部屋を1つの大きな部屋として使いたいときはこれらをとりはずすこともできる。また，ふすまや障子で仕切られた部屋からは音が漏れやすい（ホール [1970]）。

　ところで，固定空間を特徴とする欧米人の家屋であるが，実際はこうした家屋が一般的となったのは，18世紀以降のことであった。それまでのヨーロッパの家屋では，部屋が一定の機能をもつことはなかったし，個々の家族構成員が今日のようなプライバシーをもってはいなかった（アリエス [1980]）。人が自由に出入りできる空間であり，ベッドやテーブルといった家具も状況に応じて移動可能なものと見なされていた。家族は一間に雑居しているのが一般的だったし，また宿屋で旅人は横になっているほかの宿泊者をまたいで空いている場所に寝ていた（トゥアン [1993]）。つまり，空間は半固定的に使用されていたのである。

　固定空間と半固定空間の概念は，個人主義と集団主義のそれと

15世紀の宿屋の内と外。寝ている様子が分かる
(T. Wright, *The Homes of Other Days*, London, 1871, p. 345)

よく対比される。要は，プライバシーを重んじる空間利用が個を重視する個人主義，そして空間の多目的利用とプライバシーの軽視が集団への帰属を重んじる集団主義に結びついていると考えられているのである。

しかし，この2つの概念を結びつけて現象分析を試みる際，慎重を要する。たとえば，先のヨーロッパの場合を考えてみると，ヨーロッパは18世紀を境に集団主義から個人主義へと移行したということになるが，それほど単純なものではない。前者か後者のいずれかというより，両者が複雑に絡み合って，その時々でど

ちらかの傾向がより強く現れていると考えた方が，正確かもしれない。

現代日本の家屋においても，一般的には欧米化傾向が進んでいるとされているが，その中にも伝統的な要素が数多く残されている。たとえば，洋風の部屋の中央におかれた応接セットなど，半固定的な空間使用の名残といえる。ゆえに，日本社会の変化を集団主義から個人主義への移行とのみ捉えるのは，あまりにも一面的な見方であるといえよう。

対人関係と距離

人は，相手との距離を一定のやり方で保つ。そしてその保つべき一定距離の判断は，前述のようにあらゆる感覚を駆使して行う。たとえば，激怒して近寄ってこようとする人に対しては，一定の距離をとろうとする。身の危険を感じたため，大きな声から逃れるため，高揚した身体から発せられる熱を感じたからなど，あらゆる判断の結果であろう。このように，自分と相手がどのような気持ちを抱いているのか，またどのような状況におかれているのかによって，お互いの距離は変わってくる。

これをまとめると，次の8つの要素が対人接触における距離のとり方に影響を与えるといえる（ホール［1970］）。

①性別と立位，座位，臥位といった姿勢。
②身体の向きがインターアクションの拒否を示すもの（離社会的）か，さらなるコミュニケーションを促すもの（集社会的）かどうか。
③抱き合ったり，肩を組んだりといった接触の有無。
④相手から発せられる熱に対する無意識の意味づけ。
⑤身体の各部の位置と姿勢。

Column⑧ 空間と権力

　性や身分の違いによって立ち入れない区域を定めている文化が今でもかなり見受けられる。たとえばイスラム圏では，モスクの中の一部は，いまだに女性には開放されていない。ヒンズー教の一部の宗派においても，女性は寺院の中でも聖域とされる場所には入れないし，また生理中は寺院に足を踏み入れることすら許されない。さらに，多くの宗教が，ある一定の身分の者にしか立ち入ることのできない場所を定めている。日本においても，大相撲の土俵上は女人禁制が続いている。

　だが，こうした空間利用の制限も，普通その文化内では当然のこととして受け止められている。突然異なった文化と触れ合う機会が訪れ，今まで足を踏み入れることができなかった場所への入場が許されて，初めてその当たり前だと思っていたことがそうではなかったことに気づかされるのである。そこで新たに，空間がもっていた力に気づくのである。

　空間は権力の姿を映し出す。突然，刑務所に入れられたとしたらどうだろう。今まで当然のごとく享受していた空間移動の自由が奪われる。誰にでも開かれていると思っていた空間が，そうでないことに気づかされる。そして，常に監視される場に身をおくことの苦しさを味わうことになる。

---

⑥視線を合わせるか否か，またそのタイミング，長さ，場所，所作など。

⑦対人接触が起こるその場の臭いの種類と強さ。

⑧声の大小。

　また，ホールは，対人関係と距離の相関関係を次のような4つに分類した。**密接距離，個体距離，社会距離，**そして**公衆距離。**それぞれの特徴と北米における4つの距離の実測値は次頁の表のようになるという（ホール［1970］）。

　この4つの距離の実測値は，前述のアラブ人とアメリカ人の対人距離感覚の差からも明らかなように，文化によって当然変わってくる。

距離区分	特徴	北米における実測値
密接距離	親密な者同士がとる距離，相手のぬくもりや息づかいが感じられる距離	0〜0.46 m
個体距離	相手が手に届くぐらいの距離。やや小さめの声で個人的な話がなされることが多い	0.46〜1.22 m
社会距離	一般的な会話が行われる距離。普通あるいはやや大きめの声で話がなされることが多い	1.22〜3.66 m
公衆距離	ビジネスやより正式な場でとられる距離。大きな声で話されることが多い	3.66 m 以上

空間の認識と世界観

空間の認識の仕方は，人の意識・世界観によっても変わる。そして，そのさまざまな空間の認識の仕方もいろいろな角度から整理されている。ここでは第3章と同様にゲブサーの分類にもとづいて，マジックな世界，神話的世界，そして記号的世界の3つにおける空間の捉え方を見ていきたい。

空間の捉え方は，人間関係やコミュニケーションに反映される。たとえば，人の家に一歩足を踏み入れると，その家の人たちがどういう生活をしているのか，どういったコミュニケーションを行っているのかが見えてくる。家族団らんのテーブルの位置，テレビのおかれている場所や台数，仏壇の位置などからそういったものが見えてくるし，またその家族がどういう意識・考え方をしているのか，その一端がうかがえる。

人によって，また文化によって何が神聖な空間なのか，神聖な

空間に対する思い入れも違ってくる。そうした思いを無視して，自分の空間感覚で行動すると軋轢を生むだろう。仮に，バリ島の寺院にサロン（腰衣）を巻かずに入ってしまったり，タイの寺院にショートパンツのまま入ってしまえば，現地の人の感情を逆撫でしてしまうだろう。さまざまな意識・世界観があり，そしてそれが空間に対する感覚に反映されていることを知ることが大切となる。

マジックな空間

マジックな空間とは，**時空を越えた空間**とでも呼べるものである。したがって，われわれが空間と聞いて思い描くような広がりをもったものではない。つまり，物理的な空間が問題となっているのではないのである。時空を越えた空間，自分とその周りすべてのものが一体となって存在している状態，いわば「魔法」にかけられたような状態とでもいえよう。

たとえば，カリブ海の人々の間で信仰されているヴードゥー教では，相手がどこにいようとも魔法をかけられると信じられており，今でもこの魔術が行われている。いわばわら人形のような物を作って相手に呪いをかけるのであるが，その人形の中には髪の毛や衣服の一部といった相手が所有する物の一部を必ず入れなければならない。そうすることによって，その人形と呪いをかける相手は，一心同体と見なされるのである。ゆえに，仮にその人形のどこかに釘を刺したとすると，その相手がどこにいようともその刺された箇所が痛むことになるのである。

われわれの感覚からすると，魔術など理論的におかしい，ありえないと思うかもしれないが，マジックな世界は理屈ではなく感情が優先する。われわれがテレビ・ドラマや映画を見ていて，自

分が主人公になったような気持ちになり泣いたり笑ったりするのも，理屈よりも感情が支配するマジックな意識が突然現れたからである。そうなると主人公とわれわれの間には距離がない。いわゆる空間的広がりをもたない空間，マジックな一体感をいつでももちえる空間，これがマジックな世界での空間なのである。

そして，マジックな空間は空っぽではない。精霊や気とでも呼べるようなもので満ちあふれている。だからこそ1つが動けば，すべてに波及効果が及ぶのである。すべてがつながっており，一体感をいつでももちえるのである。

こうした一体感をもつのに言葉は必要でない。言葉を媒介とするよりも，行為によって直接何かを伝える，そういったコミュニケーションが行われる。しかし言葉によって，渾然一体ではあるが生命力にあふれたマジックな空間が，神聖な空間とそうでないものとに分けられるのが，次の神話的世界である。

神話的空間

精霊や気で満ちあふれていた世界は，次第にある特定の場所を神聖な場所と定めるようになっていく。つまり，山の頂や泉，あるいは人の作った社(やしろ)などを神聖な場所として，崇めるようになるのである。そして，その崇拝はシンボリックで比喩的な言葉によって行われる。神話的世界は，いわば**神聖で儀式的な世界**とでも呼べよう。

たとえば，アフリカのブッシュマンやアメリカのワイオミング州周辺に住むネイティブ・アメリカンのシャイアン族，スマトラ北部に近いインド洋上に住むニアス島民などは，生の誕生と東方を結びつける習慣をもつ。ゆえに，生あるいはハレに関することは東の方角に向かってなされる。また，アフリカの遊牧生活者であるヘレロ族は，移動した先々で円形の集落を作るが，その円の

もっとも東に位置する小屋に聖火を灯し続ける。

　空間の配置において，円とその中心に基本をおく部族は，至る所で見られる。村全体が円形に配置されており，村人にとって大事な物，神聖とされる物は村の中心におかれることが多い。たとえば，トロブリアンド諸島にある村オマラカナでは，広場，墓所，村の長の小屋，そして神聖とされるヤム・ハウスなどは村の中心に位置する。また，大切な行事なども村の中心で行われることが多い。さらに，祖先崇拝や神仏崇拝と空間の中心が結びつけられることもある。実際，インドネシアの多くの地域では，船と祖先，そして空間の中心が1つに結びついている。たとえば，東フロレスでは，遠い昔，船でたどり着いた人々の子孫であると見なされている家族が，村の中心に住むという。

　村の配置自体が，その村の人々の宇宙観を表している場合もある。たとえば，ニアス島民の住む村へは，ワニやトカゲといった生き物やそのシンボルが掘られた石の階段を上って行かなければならないが，階段の下は下層界と見なされている。また，「下流」と見なされる村の一方の端は死と結びつけられ，もう一方は「水源」および「上流」と見なされ生と関連づけられている。村の中心を貫く軸は，世界を上下2つに分かつものと見なされている。そして，2つの対極する力を融合する世界の中心，村の中心には，世界を象徴する木が生えている。村の配置自体が，神話を物語っているのである。

　方角やものや村自体の配置が大きな意味をもつのは，何もアフリカや北米，南洋の島々に住む部族にかぎらない。平安時代，貴族は縁起のよい方角を求めて，季節ごとにすみかを変えていたという。また，現代でも方角が何らかの意味をなしていると見なし

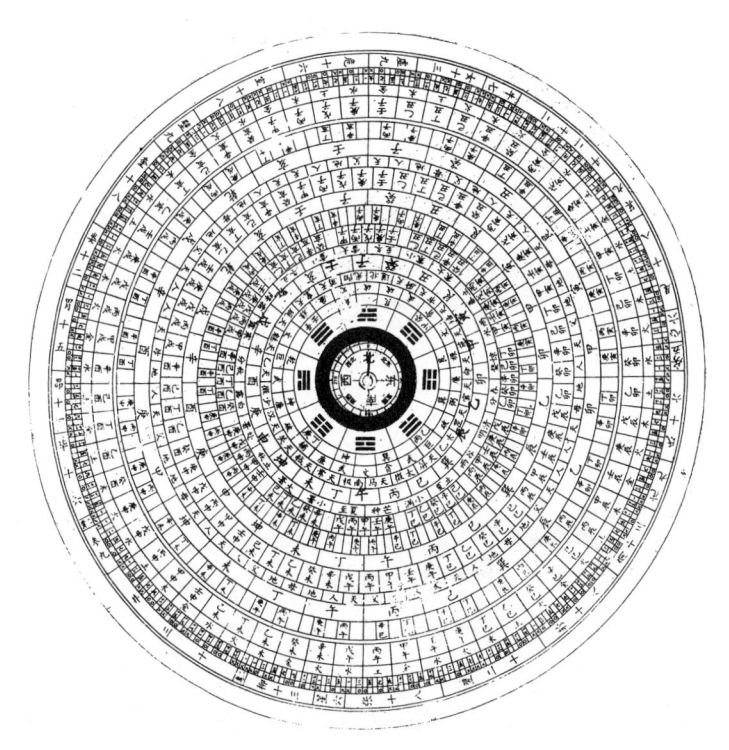

方位磁石

ている人が少なからずいる。たとえば、頭を北向きにして寝ないとか、引っ越す際に方角を気にするとか、人によってはこだわる。引っ越しや家の新築といった際には、方位学の本を読んだり、専門家に相談する人もいる。家相判断には、今でも上の図のような方位磁石が使われている。家の向きや間取りなどをこれを使って判断するのである。

　日本の方位学は中国の**風水**の影響を多分に受けている。京都、奈良の都はこの風水の教えに従って都造りをしたといわれている。

> **Column⑨ 現代風風水学**
>
> 風水の専門家 Dr. コパこと小林祥晃が，1990年代中ごろマスコミで一躍脚光を浴びた。風水学の教えを現代風に解釈して，幸運を呼ぶ方位や色，物などを指示している。Dr. コパの教えの一部を紹介すると，「南を向いて決断せよ」「東で食べて西で寝よ」「親しくなりたい人とは暗い場所で会え」「不運なら幸運を呼ぶ方位へ旅に出ろ」「北を大切にすると家族円満に」など。不況になると占いがはやるといわれている。合理性と利潤を追い求めてきた現代資本主義が行き詰まり，神秘的でシンボリックな感覚に人は再び目覚めたのであろうか。

とくに，平安京がその地に都を定めたのは，風水の教えによるものとの説は，ほぼ間違いないとされている（三浦［1995］）。

現代日本でも，風水はひそかなブームとなっている。最近，テレビや週刊誌で風水による「占いコーナー」をよく目にする。迷ったときや苦境に立たされたときに，人はこうした占いを参考にすることがある。そうした人にとっては，風水の教えを単なる迷信だとして片づけられない。現代日本人も，香港人と同じように（61頁参照），機能性・利便性を追求する現代感覚と，何か神秘的なものを求める感覚が同居しているのであろうか。いずれにしろ，この風水ブームは，シンボリックな神話的空間感覚の名残と考えられるだろう。

記号的空間

記号的世界では，利潤あるいは利便性を基準として，空間が売り買いの対象となったり，大きさや密度といった基準で比較対照されたりするようになる。この土地は $1m^2$ 当たり○○円の価値があるとか，東京の人口密度（$1km^2$ 当たりの人数）は○○人で，ロンドンの○倍である，といった会話が当たり前になる。また，神話的世界で，吉あるいは凶，聖あるいは俗なるものといった性質をみずから備えも

っているとされていた土地が,その性質を失う。人が抱いていた土地との一体感,つまり出身地へのこだわりとか聖なる領域への畏敬の念が薄れていく。そして,その代わりに土地は法や経済的要因によって恣意的に区分される対象となる。

区画整理や道路拡張などで,昔は神聖とされていた山や神社の土地を削っても不都合を感じないし,平気で道祖神やほこらなどを移動してしまうといったことが頻繁に起こる。また,東京都大田区や東京都国立市のように,地名も区画整理の都合上恣意的に作られたり変更されうる。大田区は,大森区の「大」と蒲田区の「田」を併せてできた名前である。国立市は,JR中央線国分寺駅と立川駅の中間に新しい駅が作られ,その駅名を両駅名の頭の文字を取って国立駅としたことに由来する。この本の筆者の1人が生まれ育った町は,「武町」という名であったが,昭和40年から50年代にかけての区画整理で一部が「中央町」に変更された。その時すでにその地には住んでいなかった筆者にとって,突然戸籍謄本に現れた「中央町」という名は,非常によそよそしいものであった。地名は,必要ならば,恣意的に変えられるものという考えがここには見られる。

都市部は増え続ける人口,そしてそれらの人々の要求を満たすために,効率よく機能的であることが求められる。そのために住宅地,商店街,オフィス街,工場地帯といった明確な区分ができていく。そうすることによってそれぞれの機能を最大限に高めようとしているのである。L.マンフォードは,**都市は人類史上最初に発明された機械**であるとしている(マンフォード[1972])。機械のパーツはそこに住む人々で,専門化されたそれぞれの役割と機能を果たしている。〈機械=都市〉を効率よく動かしていくには,パー

Column ⑩ 超大部族

　D. モリスによると，歴史的に見てわれわれは 100 人以下の人々に囲まれて暮らす，いわゆる部族による生活を長年営んできたという（モリス[1970]）。部族内では維持できないほど構成員が増えると，その部族は自然に分かれていき，それぞれが適当な数——全員が顔見知りでいられる程度——を維持していたのである。そして，部族内のほとんどの人はそこで一生を終えていた。彼（女）らの世界はその部族，あるいはそのわずかな延長線上にしかなかったのである。滅多に知らない人に出会うこともなかったし，出会ったとしたらそれは大事件となり，殺し合いにまで発展することもあった。

　だが，農業の進歩による余剰の発生から，都市が生まれ，超大部族が出現した。超大部族内では，大勢の知らない者同士が毎日のように行き交う。そこは，お互いによけいな干渉をされない空間であるが，その反面地域的同一性を失うことへの不安を抱える人々の集まりでもある。

　モリスは，こうした超大部族が住む都市を「**人間動物園**」と呼ぶ。部族的な動物として進化してきた人間が，都市という本来の共同体からかけ離れた環境に押し込められると，まるで檻に入った動物のようにみずからを傷つけるような行動に出るというのである。

　さまざまな人種，民族，宗教が入り交じる空間が都市である。都市とは，本来多文化な空間である。たしかにそうした空間においては，動物園の動物のように，ストレスがたまりやすい。しかし，同時に異質性がうごめく空間だからこそ生まれる活力もありうるのではなかろうか。

ツの性能が落ちればとりかえなければならない。都市部に失業者やホームレスがあふれるのは，性能が落ちたと見なされた人々が，都市という巨大な機械からはじき出された結果ではないだろうか。

　巨大な機械と化した都市は，そのパーツとなる人々を引きつける。しかし，都市に集まった人々は所詮機械のパーツにしかすぎない。巨大な都市に飲まれてしまって自分を失いかねない。また，あらゆるところから集まった人々の間では，同じような価値観や習慣を共有しにくい。都市部では，村がもっていた人と人とのつ

ながりが希薄なものとなるのである。つまり、人々の間に疎外感が広がっていく。

このように、機能性・効率性を重視する記号的空間世界では、ともすると人間関係が表面的になりやすい。都会の集合住宅では、隣に誰が住んでいるのかよく知らない、あるいは知らなくても気にならない人が多いという。こうした住環境は、人と人のつながりが密なところからやって来た人にとっては、耐えられないのではないだろうか。

> 空間の認識とその使い方

記号的空間の捉え方では、何もない空っぽな空間は機能的ではなく効率が悪い、だから無駄だと見なされがちだが、神話的空間感覚では、一見空っぽに見える空間も神聖な神の宿る空間かもしれない。また、精霊や気が充満したマジックな空間と見なす人もいるだろう。何かを、われわれが一般的に考える広がりをもった空間、スペース（記号的空間）と捉えるのか、何らかの思い入れが込められた空間（マジック、神話的空間）と捉えるのかでは、生活の仕方や人間関係、コミュニケーションのとり方が変わってくる。また、空間をどのように捉えるかは、人の意識のありようによっても異なるのである。

また前述のように、壁などの固定物で仕切られた空間（固定空間）と従来の日本の家屋のようにふすまや障子で仕切られていて、空間の大きさを用途によってある程度自由に変えられる空間（半固定空間）では、居住者の人間関係やコミュニケーションの仕方も変わってくる。人と人との距離（対人空間）も人間関係によっておのずと変わってくる。異文化コミュニケーションにおいては、こうした基本的な空間に対する感覚とそれが反映する人間関係、

その多様性の理解が求められよう。

ゼミナール

1 どうしたら当たり前すぎる日常生活を「前景」へと浮かび上がらせることができるのだろうか。また，そうすることによって何が見えてくるのだろうか。

2 人はあらゆる感覚を使い，それを統合して空間の認識を行うが，これは具体的にはどういうことだろうか。

3 固定空間，半固定空間とは何か説明してみよう。

4 対人関係と4つの距離の実測値は文化によって異なるが，男性同士，女性同士，あるいは男性と女性のペアといった違いでも異なるのだろうか，観察または実験してみよう。

5 自分たちの家の配置図を比較し，その違いがどのようにコミュニケーションに反映しているのか検討してみよう。

6 マジックな空間，神話的空間，記号的空間の3つの特徴を整理してみよう。

7 なぜ都市は記号的空間なのか，その理由を話し合ってみよう。

第5章　時間の認識

計れない時の流れを理解しよう

　時計なしでは暮らせない現代人：家の中にいくつ時計があるか数えてみたことがあるだろうか。壁に掛かっている時計，目覚まし時計，ビデオデッキ，電話，携帯電話，炊飯器，電子レンジ，オーディオ機器などについている時計，腕時計……私たちは，時計に囲まれて生活しているといっても過言ではない。こうした時計がすべてなくなってしまったらどうだろう。不安に駆られてしまうかもしれない。社会生活をスムーズに営めなくなってしまうかもしれない。時計は日々の生活になくてはならないものとなってしまった。

　こうした時計中心の生活を送っていると，時計が指し示す時間以外，時に関する感覚はないような気がしてくる。だが，世界にはさまざまな時間が存在する。また，われわれ自身にすら，いろいろな時間感覚が併存する。さまざまな時間の捉え方を知ることは，異文化のみならず自分自身をより深く理解することにつながる。

> **文化と時間**

第4章では，さまざまな空間の捉え方が存在すること，そしてそれがいかに人間関係およびコミュニケーションと密接にかかわっているのかを見てきた。同じように，時間の捉え方も文化によって変わる。そして，その捉え方によって人とその周りとの関係が変わってくる。これから見ていくように，すべての人が同じように時間を認識していると考えていては，異文化との出会いが苦い経験に終わってしまう可能性がある。

今まであまり省みられることのなかったものが，実はわれわれの生活全般に多大な影響を及ぼしていた，ということはよくある。時間もそういったものの1つといえる。J. リフキンは，文化による違いの中でもっとも重要なものの1つが時間であるとし，その影響の重大さを「時間の指紋 (temporal fingerprints)」という言葉で表現している (Rifkin & Howard [1980])。第5章では，文化による時間の認識の違い，時間とコミュニケーションの関係について考察する。

J. スプレイドリィと M. フィリップスによると，外国語を一通りマスターした人がその外国語を話す地域に行ってまずとまどうのが，その地域の生活のペースと約束の時間をどの程度厳守するのか，そのルールについてだそうである (Spradely & Phillips [1972])。東京を訪れたアメリカ人がよく「日本の朝は遅い」という。長い通勤時間のためかもしれないが，その通勤時間の長さにしても東京以外の人にとってはなかなか馴染めないだろう。また，日本の会議は時間どおりに始まらないし，延々と続くという不満も聞かれる。たしかに，アメリカ合衆国などと比べれば会議の時間はルーズかもしれない。スペイン人は1日に5回食事をとると

> **Column ⑪ 時間とテンポ**
>
> 時間を意味する英語，time は潮の干満，潮流を意味する tide から来ている。これは，潮の満ち引きと時の移り変わりが密接に結びついていたことを示していると同時に，当時の人々の生活が海や島といった自然環境と深いつながりをもっていたことを物語っている。
>
> また，拍子 (beat) の集まりによって決まるテンポ (tempo) は，音楽においては重要な要素であるが，もともとこの拍子は心臓の鼓動から来たものかもしれない。だからこそ，聞く人を奮い立たせるような音楽に触れれば心臓が高鳴り，リラックスさせるような音楽だと鼓動が落ち着くのかもしれない。世界でもっとも古い楽器といわれている太鼓が激しく打ちならされると，人は興奮を覚える。だからこそ，太鼓はよく戦いの前に打たれたのであろう。逆に，ゆったりと突き鳴らされる鐘の音を聞くと，穏やかな気分になる。除夜の鐘を聞くことによって静かな心もちで新年を迎えることができるのも，そのためであろう。このように，テンポが雰囲気，ムードを作り出しているといえる。

いわれているが，それに合わせて生活が営まれるため，生活のペースは当然日本人とは異なる。身についた生活のペースを変えるのは容易なことではない。だからこそ，慣れない土地でとまどってしまうのである。

さまざまな時間の捉え方と日常生活

いつでもどこでも機械的に等分された時間，時計が知らせてくれる時間で生活のリズムが流れているわけではない。たとえば，都会と田舎では時間の流れが異なる。いわゆる生活のテンポが違うのである。ここでもう一度テンニースの**共同社会**（ゲマインシャフト）と**利益社会**（ゲゼルシャフト）の違いを思い出してみよう。共同社会，つまり田舎では人との関係性が重視される。そこでは新たな関係を結ぶには時間がかかるが，いったんその関係が成立すれば長く続く。ゆったりとした時間の流れとともに人間関係が育まれるのである。そして，いかに事を効率よく運ぶかより

も人と人とのかかわりの方が重視されるのである。一方，利益社会である都会では，生活のテンポが速い。多くの人と次から次へと知り合うチャンスはあるが，それだけにつき合い方も表面的になりがちである。また，人と関係を結ぶ際，相手が自分にとって役に立つ人物かどうかがまず考慮される傾向がある。もちろん，都会の人間関係すべてがそうだというわけではないが，都会と田舎を比べてみると概してこのような違いが現れよう。

　こうした共同社会と利益社会の相違は，「忍耐」に対する価値観の違いにも反映する。人間関係形成のプロセスを重視する共同社会では，「忍耐強い」ことが尊重されるのに対し，いかにして効率よく目的を達成するかが重視される利益社会では，あまり尊重されない。さらに，この違いは「復讐」や「懲罰」といった概念の違いとも関係する。利益社会では，法の下に手際よく「懲罰」の決定が行われることが好まれるが，共同社会では，何年も経ってから敵(かたき)討ちが行われることがしばしばある。たとえば，ネイティブ・アメリカンは機が熟すのを待って相手に復讐するが，それが数年後あるいは数十年後だったりする（ホール [1983]）。借金の返済に対する感覚にも，同じような違いが現れる。利益社会では，借金をすると同時にその返済計画を立てることが好まれるが，共同社会ではその返済の時期およびプロセス，内容はもっと複雑である。手際よい返済のみが，必ずしも借金をしたことに対する見返りとはかぎらないのである。借金をさせてくれたという恩をどのように返すかは，お互いの関係性によって変わる。

　「年寄り」や「子どもの時期」，「結婚適齢期」といった概念も文化によって異なる。40歳を過ぎると年寄りになったと自他ともに認めていたのは，日本でもさほど昔ではない。現代の40歳代は働

きざかりである。また，1960〜70年ごろのアメリカのミステリー小説には，「30歳の中年女性」が出てきたりする。

「**子どもの時期**」が誕生するのも17, 18世紀のヨーロッパにおいてである（アリエス [1980]）。このころになってようやく中産階級の子どもたちが学校へ通い出し，生産活動に参加していない，いわゆる「子どもの時期」が誕生したのである。それ以前は，「子ども」は「小さな大人」と見なされ，幼児期は別としてある程度1人で身の回りのことができるようになれば，大人と一緒に遊んだり働いたりしていた。一般庶民の子どもたちにまでこの「子どもの時期」が浸透するのは，1900年前後のことである。さらに，産業化が進み，より高度な知識が求められるにつれ，大人になる前の時期（子ども・青年期）がますます長くなる傾向にある。だが，欧米化あるいは産業化していない地域の多くでは，今でも「子どもの時期」がない。

「**結婚適齢期**」に関しても違いが見られる。いわゆる伝統的社会と呼ばれる地域では，女性は14, 15歳になれば結婚し子どもをもうけるのが普通である。日本でも，1990年ころまでは女性の結婚適齢期をクリスマスケーキにたとえたりしていたが，今では「結婚適齢期」という概念すら怪しくなっている。このようにライフサイクルは，文化や地域によって変わってくる。

時間の感覚は人の価値観や人生観にまで影響を及ぼす。時間に正確なことを是とする文化で育った人は，そうでない人を「怠け者」「無礼者」と判断してしまいがちである。欧米や日本など先進国のビジネスマンが南米の国の人と取引をするときに，「南米の人は時間を守らない」と漏らす不満からもこうした傾向がうかがえる。だが逆に，ゆったりと時間が流れている文化で育った人は，

時間に几帳面なことを気ぜわしいとか余裕のない押しつけがましいことと捉えるかもしれない。外国を旅するときは，まず相手の時間の流れに合わせることが重要であるという（Condon [1979]）。そして，相手の時間感覚を知ることは，相手がどのように物事を捉えているのかを知る鍵となる。J. T. フレイザーは，「あなたが時間のことをどのように考えているか教えてくれ。そうしたら，私もあなたのことが分かるから」といっている（Frazer [1981]）。

出来事時間と時計時間　　さまざまな時間の感覚を理論的に整理しようという試みは，いろいろな学者によってなされている。ここでは，3つの主要な理論をとりあげたい。まず，**出来事時間**と**時計時間**について説明する。

R. ラウアーは，人の時間感覚を大きく2つに分ける（Lauer [1981]）。1つは，出来事を中心とした時間感覚で，もう1つは時計時間を基にするものである。前者の感覚においては，ある出来事が起こるのは機が熟したからであり，自然のリズムに合わせておのずとそうなったと考える。家の建設が始まるのは，建築用の石や木材が届いたときであり，列車が出発するのは，客車が乗客でいっぱいになったときなのである（ライトマン [1993]）。時計時間を基にする文化のように，時計の針がある一定の時をさしたからではけっしてない。

中東諸国のように，出来事を中心とした時間感覚をもつ国では，人とのつき合い方も，時計が時刻を刻むようにスケジュールどおりには運ばない。たとえば，アラブ人を交えた話の最中に，次のスケジュールに移る時間だからといって話を中断したら，そのアラブ人は腹を立てるかもしれない。

同じように，子どもの時間も時計時間によらない。大人が時間

だからといって遊びをやめさせようとしてもなかなかうまくいかないのはそのためである。次の出来事に移る必要性を感じないから、遊びをやめたがらないのである。

ポリクロニックとモノクロニックな時間

次に、ホールの概念である **ポリクロニックな時間**（多元的時間）と **モノクロニックな時間**（単一的時間）の違いを見てみよう。ホールは、世界には少なくとも2つの異なった時間のとり扱われ方が存在するという。いくつかの事を同時に行うポリクロニックな時間と、段階を追って1つひとつ物事をやりとげていくモノクロニックな時間である（ホール［1983］）。

ポリクロニックな時間の文化では、人々は次の仕事を始めるために、前の仕事を終えなければいけないとは思わない。たとえば、人が来る前に仕事を終わらせておくことが必要とは考えないし、そのために約束の日時を変えようとは思わないのである。人が来ても、その人の相手をしながら仕事を続ければいい。事態は常に流動的である。将来のプランといったものも土壇場でひっくり返される可能性があり、何も確実で固定してはいないのである。ゆえに、何か事を時間どおりに達成することなどそれほど重要ではない。目的達成のためにこつこつと1人でがんばるよりは、人と交わりながら徐々に事を進めていく方が好まれるのである。そのため、複数の事が同時に進行するということが結果として起こるのである。

これは空間の使い方にも反映する。著者の1人が台湾に住んでいたころ、近所にあった薬屋では、店で子どもを遊ばせながら客の相手をし、また、そこでテレビを見たり夕食をとったりしていた。仕事場と生活の場が渾然一体となっているのである。日本で

も少し前はそうだった。

　一方モノクロニックな時間の文化では，次々とスケジュールどおりにプロジェクトをこなし，目的を達成すること，それが重要だと考える。時間を1つの直線的流れとして捉え，物事は順番にステップ・バイ・ステップで移っていくべきだとするのである。効率性を重視する利益社会，産業化社会においては，時間は直線的に流れているといえる。

　モノクロニックな時間感覚は，空間の使い方とも関係する。たとえば，目的別にはっきりと仕切られた部屋は，効率よく目的を達成するためには都合がよい。欧米のようにパーテイションや壁で個々に仕切られたオフィス空間は，じゃまが入りにくく時間どおりにプロジェクトを終わらせることをより可能としてくれる。いくつかの机が一緒になって1つのセクションを構成する従来の日本のオフィス・レイアウトよりも，自分の仕事に没頭しやすいのである。日本のオフィスでも，欧米のように個々に仕切られた空間が増えつつあるが，これは日本でモノクロニックな時間が優勢になってきたことの現れであろう。また，欧米化された日本の家では，それぞれの部屋が居間，寝室，子ども部屋といった具合に目的別に使われているが，これもモノクロニックな時間感覚を反映しているといえる。

　現代日本人は，スケジュールをこなそうとするあまり，忙しい生活を強いられている。しかし，一方では時間どおりに始まらずかつ延々と続く会議や，仕事の延長と見なされるアフターファイブのつき合いなど，日本社会にはポリクロニックな時間感覚も根強く残っている。

マジックな時間

では、時間に関する理論の3番目を見てみよう。この理論はゲブサーの3つの世界観にもとづいている (Kramer [1997])。「マジックな世界」における時間感覚（「**マジックな時間**」）,「神話的世界」そして「記号的世界」におけるそれぞれの時間感覚（「**神話的時間**」と「**記号的時間**」）である。前述の出来事時間とポリクロニックな時間、時計時間とモノクロニックな時間は、それぞれ「神話的時間」と「記号的時間」に近い。しかし、先に紹介したラウアーとホールのいずれの概念も、次に解説する「マジックな時間」については説明していない。

マジックな時間は、広がりをもたない。マジックな空間が物理的な広がりを問題にしていなかったのと同様である。むしろ、強さ、激しさ (intensity)、そして周囲との一体感といったものが問題となる。魔法をかけるのに、距離や時間は問題ではない。それは遠くにいる者や死んだ者、これから生まれてくる者にもかけられる。魔法が利くか利かないかは、その質や強さによる。魔法をかける「対象」との一体感が強ければよく利く。

マジックな世界は、とぎれのない「完全な」世界 (one seamless whole) である。鼓動が、世界のリズムがこの完全な世界を創り出す。つまり、共通のリズムやテンポが脈打っているのである。変わるのはその強弱だけである。そして、病を患えば鼓動は世界のリズムから外れるように、調和のとれた完全な世界から外れてしまう。

すぐれた工芸品や芸術作品は、こうした調和のとれた世界の中で生み出される。職人や芸術家が作品を生み出すのに没頭している様子を、よく「我を忘れて」と表現するが、まさに彼（女）らは

そのときマジックな時間に生きているのである。彼（女）らは，作品を生み出すのにどのくらい時間がかかるかなど考えてはいない。「我を忘れて」，つまり「時間を忘れて」作品を創り上げているのである。作品の構想を練ったり，製作に入る前に気持ちを集中している時間，外から見ていると何もしていないように見える時間も，作品を生み出すための大切なプロセスである。あとで述べる記号的時間感覚では，何もしないことは「無駄」を意味するが，マジックな時間には無駄という感覚はない。「間」がいろいろなことを意味するのと同じである。マジックな時間では，一瞬一瞬のプロセスが大事な意味をもつ。すべての瞬間に「気」が満ちあふれているのである。

M. ラングルは，このような職人や芸術家が作品に打ち込むさまは，子どもが遊びに夢中になるのと類似しているという（Myers [1992]）。子どもも遊びに熱中すると，「我を忘れ」そして「時間を忘れる」。遊びがすなわち「生きていること」である子ども，つまりマジックな時間に生きている子どもに，計画を立てさせ，規則正しい生活を送らせるのは容易ではない。学校教育は，マジックな時間に生きている子どもたちに，「記号的時間」を覚えさせる場であるといえる。

周りとの一体感が問題となるマジックな時間は，具体的なものや出来事と密接に結びついている。アフリカ中央部に位置する小国ブルンジでは，時間は牛との関連で認識される（Levine [1997]）。たとえば，ブルンジの人に時間をたずねると，「牛が草を食べに出かけている」という答えが返ってくるかもしれない。これは，朝か夕方という意味である。もし，「牛が水を飲みに行っている」と答えれば，お昼ごろということである。

Column ⑫ 時は金ならず

ベンジャミン・フランクリンが最初に言ったとされる「時は金なり」であるが、その言葉の意味を理解しえない文化が今でも数多くある。そこでは、時間はお金ではないのである。インドのタージマハールを訪れた観光客の多くが、建築物のすばらしさに感動し、その建物がどれぐらいの時間をかけて建てられたのかたずねるという。また、店で売られている刺繍を施した民芸品の美しさに打たれ、それを作るのにどれぐらいかかったのかをたずねるという。そしてその労働時間と売値から労働賃金を計算し、そのあまりの安さに驚くという (Levine [1997])。だが、伝統的なインドの感覚では、工芸品の価値はどれだけ時間を費やしたかではなく、職人芸の質の善し悪しによるため、そうした観光客の質問の意図やなぜ彼(女)らがそれほど驚くのかが分からない、といったことが起こる。

そして残念なことに、こうした伝統的な時間感覚を悪用して、時は金なりと考える人々がそうでない人々を搾取する、そうした構図が世界中至る所で見られる。

マダガスカル島でも、時間は具体的な日常の行為と結びついている (Levine [1997])。ある行為を行うのにどれぐらい時間がかかるかたずねれば、「米が煮える間」(15〜20分位をさす)とか「イナゴが揚がる間」(短い時間をさす)といった答えが返ってくるだろう。

マジックな時間とは、具体的な形となって現れる時間であって、抽象化されたものではない。だからこそ、「経済的な時間」とか、「時間を無駄にする」といった感覚はない。「仕事のための時間」といった感覚すらない。仕事と余暇の区別などないのである。食べ物が必要だから、身体が欲しているからそのために何かするのであって、それはわれわれが考えている「労働」、すなわち余暇・余力を得るためのものとは異なる。ゆえに、アフリカのブッシュマンは、週に約16時間働けば十分だし、ポリネシアに位置するサ

ンドウィッチ島では1日4時間しか働かない。ニューギニア島南東部にあるドブ島では，女性が1日働けば，3日分の家族の食料が集められる。残りの時間は，友達や家族と過ごすのである。

マジックな時間は，周りの世界と密着し，具体的な形として現れる。そして，すべての瞬間に気が満ちあふれている。だからこそ「**今，ここ**」が重要とされるのである。

神話的時間

自然と一体であったマジックな世界に，あらゆる分野での分化が始まる。あらゆるもの，あらゆる空間，あらゆる瞬間が意味をもち，精霊や気が充満するマジックな世界が，2つに分かれていく。聖なる力や知識をもつ者とそうでない者，聖なる空間とそうでない空間，そして聖なる時間とそうでない時間，というように分化していく。ある一定の人々，僧侶や予言者といった人々が生まれ，何を聖とするのかを神話という形で語ることによって，**聖と俗，ハレとケ**の時間と空間が決まっていった。こうして，すべての瞬間，すべての行為が神聖で意味の連続であったマジックな世界が，ある一定の時期のみが聖でハレのときとなったのである。そして，どのようにして聖と俗，ハレとケが定まったのかを，神話は語り継ぐのである。

ハレとケは周期的にめぐってくる。神話的時間は周期的時間の連続だといえる。まるで円を描くように同じことが繰り返される。太陽や月の動きによって繰り返し繰り返し訪れる日々や年月。そして周期的に訪れるハレの日を祝う儀式。魂の生まれ変わりを信じるヒンズー教や仏教の輪廻思想も，こうした神話的時間の周期性を象徴している。

ハレの日がいつかを知らせてくれるのが，暦である。神話的時

Column ⑬ 3つの時間志向

F. クラックホーンと F. ストロットベックは，時間に対する志向は文化によって異なる，そしてその種類は大きく分けて3つあるとする(Kluckhohn & Strodtbeck [1961])。1つは，イギリスやインドのように身分階級や伝統的な制度に重きをおく「過去志向」である。そうした文化を維持するためには，「神話」を語り継ぐことが大切となる。「神話」が伝統を正当化してくれるのである。つまり，「過去志向」は神話的時間と関係しているといえる。

次に，現在に重きがおかれる「現在志向」がある。ネイティブ・アメリカンのホピ族は，過去や未来には関心を示さず「今」を生きている。現在にすべてが凝縮していて，一体感のある世界は，マジックな時間が息づいているといえよう。

「未来志向」においては，伝統はそれほど重要だと見なされない。また，現在にとどまっていることもよしとされない。常に前進し，先のゴールをめざすことが好まれる。アメリカ合衆国民は，「未来志向」が強いといわれている。未来志向は，いかに効率よく目的を果たせるかが問題となる記号的時間観と関連している。

間が強く反映された暦には，ハレの日が多い。たとえば，現在一般的に使われているカレンダーには六曜の記載すらないものが多いが，昔の暦には1日1日がどういう日であるのかこと細かな説明がなされていた。

暦は，神話的物語と深く結びついている。歴史上新たな暦を作る試みは幾度となく繰り返されてきた。歴史を揺るがすような出来事が起こるたびに，指導者が替わるたびに暦が作られてきたといっても過言ではない。西暦1789年のフランス革命は，革命元年とされ，ベトナムの共産党政府はフランスからの独立の年を元年と見なした。日本でも戦時体制下では，神武天皇を起源とする皇紀が使われていた。暦は，時の権力の姿を映し出す。そして，権力の信憑性，正当性を高めるために，神話的物語が語り継がれる

のである。権力者によって編纂される歴史も、同じように権力の妥当性を裏づけるための物語として記されたといえる。

　繰り返される日常、また死んでも生まれ変わる、そうした神話的世界観の中では、「進歩」とか、「何かに向かって急いで進む」といった態度は生まれにくい。このような世界には解かれるべき問題は存在しない。禅の公案のように、すべての答えはすでにそこにある。ただ、それに気づけばいい、悟ればいいのである。新たに解き明かし、次のステップに進むのではない。ゆえに、記号的時間を基本的考え方とする現代社会から見れば、神話的世界は伝統に縛られた進歩のない世界と映るのである。

> 記号的時間

神話的世界におけるハレとケ、聖と俗への2分割がさらに進み、その意味すら形骸化してしまうのが記号的世界である。記号的世界では、聖なる祝日への情緒的つながり、ハレの日への思いが次第に薄れ、その日を祝う儀式は形だけのものとなってしまう。日本で2000年以降、成人の日と体育の日を定まった日ではなくそれぞれ1月と10月の第2月曜日に移すことが決定されたのも、記号的時間感覚の反映である。祝日移動の根拠に、3連休が増えることによる市場の活性化があげられていたが、記号的世界では情緒的なつながりよりも経済的効果が優先される。クリスマスやバレンタインデーといった聖なる祝日も、日本では市場経済と結びつき、本来の宗教的意味はほぼ完全に失われてしまった。だが、これは何も日本にかぎったことではない。欧米でも、クリスマスの前は1年中でもっとも市場が活性化する時期である。

　記号的世界では、月日のもつ神聖な意味が失われ、その形骸化あるいは恣意性が強まった。同じように、時間も自然の動きを無

視し，1日を機械的に24等分する機械時計が生活を支配する。

　機械時計は，記号的時間感覚を表現していると同時に，それを広める役割を担うメディアのもっとも代表的なものといえる。無駄なく物事を達成するためには，規則的に時を刻む時計は最良の友となりうる。計画的かつ効率のよい生産をうるためには，時計の力を借りて労働者を働かせることが重要である。労働者1人ひとりのコンディションやそれぞれの事情をいちいち考慮していたのでは，生産性が落ちる。むしろ，生産計画に合わせられない労働者こそが切り捨てられる。一方労働者は，切り捨てられないよう必死に働く。まるで時計の奴隷となったように働く。

　試験勉強をしているときに，何かに追い立てられているような気分を味わうことがある。まず，計画を立て，その計画に従って勉強をしようとするのだが，なかなか計画どおりに進まない。すると，初めは自分が立てた計画だったのに，いつのまにかその計画に追い立てられているような気分になる。そして，「時間がない」とか「何とか時間を作らなければ」とつぶやく。時間をまるで空間的広がりをもつもののように扱う。さらに，計画を実行するためには，人のことなどかまっていられない，といった気持ちにもなる。効率よくスケジュールをこなし，目的を達成することの方が，何よりも大切に思えてくるのである。

　記号的世界においては，時間は細かく分断される。そして，その分断された時間を人はそれぞれの活動で埋めていく。時間を各自が管理するよう期待されるのである。だがそうなると，何人かで集まって活動をするといった場合，それぞれの時間の調整が難しくなる。家庭においても，1人ひとりのスケジュールが異なるために，なかなか全員一緒になれない，ということが起こる。そ

Column ⑭ 不定時法

　1時間の長さが，季節によって違う？　そんな馬鹿な，と思う人が多いだろう。だが，今から約140年前の日本では，季節によって1時間の長さが異なる時間法が実際に使われていた。これは**不定時法**と呼ばれている。現在使われている時間法，つまり1日を24等分し，季節によって1単位当たりの長さが変わることのない**定時法**とは区別されている。

　不定時法のしくみを簡単に説明しておこう。不定時法は，日の出・日の入りを基準に昼と夜を分け，それぞれを等分して時間を決める。江戸時代に使われていた不定時法では，昼と夜のそれぞれを6等分していた（不定時法は世界各地で用いられたが，地域によって等分の仕方は異なる）。当然，季節によって日の出・日の入りの時間は異なる。夏は日の出の時間が早くて，日の入りの時間が遅くなる。冬はその逆である。ゆえに，以下の図に示されるように，季節によって昼と夜の1単位の長さが違ってくるのである。

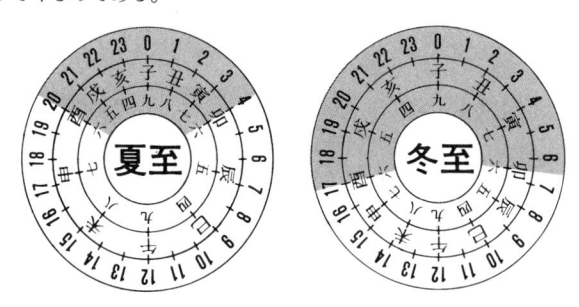

江戸時代の時刻と現代の時刻（内側の2列が不定時法で表された江戸時代の時刻。国立科学博物館提供）

　不定時法は，神話的時間と記号的時間の感覚双方が混在しているといえる。日の出・日の入りの時間に合わせる，つまり太陽の自然な動きに合わせるのは神話的だが，昼と夜の時間をそれぞれ等分しているのは機械的で記号的時間感覚の投影である。

　神話的時間感覚と記号的時間感覚の混在を象徴しているのが，江戸時代に作られた**和時計**である。和時計は別名大名時計とも呼ばれる。当時，大名たちは西洋からもたらされた機械時計に魅了された。しかし，不定時法を使っていた日本では1年中等分に時を刻む西洋の機械時計は使いものにならない。そこで，大名はお抱えの職人に不定時法にも対応でき

るような機械時計を作るよう命じた。そうしてできたのが、昼夜および季節ごとに単位を切り替えられる装置を備えた和時計であった（角山 [1984]）。初期の切替え装置は手動で、比較的原始的なものであったが、その後改良が加えられ、最終的には完全に自動化された装置を備えたものも現れた。こうしたオートメーション化への努力からも、より記号的時間感覚が強くなっていった軌跡を見てとることができる（Kramer & Ikeda [in press]）。

和時計の一種，台時計の機械部（国立科学博物館所蔵）

うなると、おのずと人間関係も希薄なものとなっていく。また、コミュニケーションも断片的なものになってしまう。まるで、時計が一家の主となったようである。

時間に追われる生活

「時は金なり」と、現代人は一刻も無駄にしないよう、先を急ぐ。目覚ましの音で起こされ、テレビをつければ分刻みで時間を告げるテロップが流れ、出かける時間が近づいていることを教える。その間、秒の位まで時間をセットできる電子レンジで飲み物や食べ物を温め、朝食を急いで済ませる。時間のないときは朝食抜きで駅まで走る。

駅では，秒刻みに運行を管理されている列車に飛び乗る。目的の駅へ着いたらまた，走るように学校や会社へと向かう。

都会人の歩くスピードは速い。話すスピード，食事の速度も速い。そして，待たされるとすぐにいらだつ。腕時計を何度ものぞき込む。

人を待たせるような人間は悪い人間である，といった価値観が現代ではまかり通っている。信頼に値する人は時間に正確である。つまり，信頼に値するようなよい人とは時計のような人間ということになる。時計のように正確で，常に変わることがない，かつ予測可能である，これらの条件を兼ね備えていることが，優れた現代人の条件となる。

しかし，ときには機械も壊れる。時計のような正確さを求められ，それに沿うように努力してきた現代人も，ストレスに押し潰されることもある。働きすぎてついには死に至る「**過労死**」も，ストレスによるところが大きいといわれている。労働時間だけを見れば，昔の人も休みなく働いていた。だが，昔の人はこれほどまでに時間に追い立てられてはいなかった。

等分化された記号的時間はますます細分化されていく。列車の運行をコントロールするダイアグラムの変化（次頁）を見れば，いかに時間が細分化されてきたかが分かるだろう。そして，この秒単位で運営される社会を管理するには，精度の高いマスター・クロックが必要不可欠である。マスター・クロックがうまく作動することによって，**地球のグローバル化**が可能となる。しかし，それは同時に**時間による帝国主義**をもたらした。

時間の帝国主義

時間の単位ほどユニバーサルなものはない。通貨の単位は国や地域によって異な

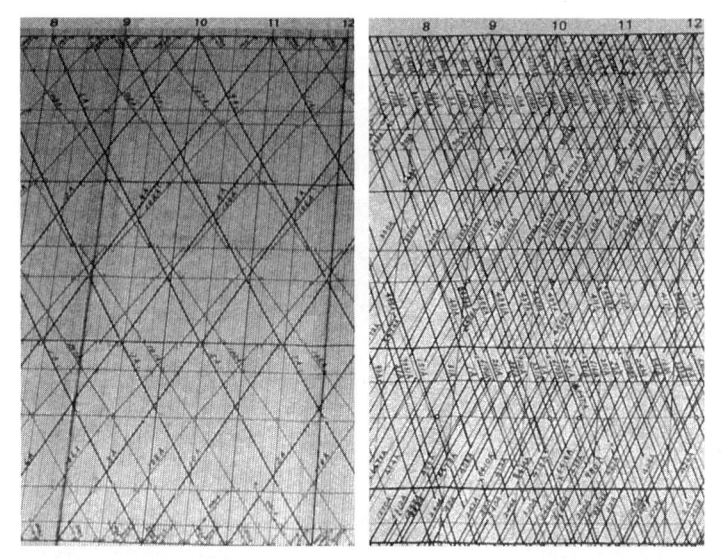

東海道新幹線，東京―新大阪間，午前8～12時のダイアグラムの変化
（左：1964年10月開業時，右：1985年3月改正時。交通博物館所蔵）

る。温度も摂氏と華氏の2つの単位がある。長さの単位にしても
いまだにフィートを使っている国があり，メートル法に統一され
てはいない。だが，誰も秒や分の単位をほかの単位に変えようと
するものはいない。それほど記号的時間の単位である60進法は
全世界を制覇している。

　昔から，時間の管理は権力と深く結びついていた。たとえば，
規則的に鳴る教会や寺院の鐘の音が，太陽や月になり代わって時
を知らせ，人々を管理していった。人は教会や寺院という権威か
ら，規則正しい生活を強いられるようになったのである。

　時間管理は支配者の特権である。時間を操ることができるとい
うことは，たいへんな力をもっていることを意味する。時を管理
する，つまりスケジュールを管理することによって，相手を意の

第5章　時間の認識

ままに操ることができるのである。自分のスケジュールに人を従わせることによって，自分の思いどおりにことを運べる。人を待たせることもできる。逆に権力のない側にとっては，上位の人に会おうと思えば，まずアポイントメントをとることを要求される。そして，指定された日時に出かけても待たされる可能性が大きい。こうした権力構造は，バッファローやサルの群がボスのペースに合わせるのと似ている（モリス [1970]）。ボスが止まれば群の全成員がいっせいに止まる。ボスが動き出すまでは誰も動かない。

　では，巨大な生き物であるこの地球を動かしているボスはいったい誰であろう。マスター・クロックであろうか。たしかに時計は世界に足並みをそろえることを強いた。そして，その時計は西欧諸国からもたらされた。たとえば日本は，明治になって西洋と同じ暦法（太陽暦）や時間法（定時法）を取り入れることにより，世界規模の経済システムの枠に組み入れられた。標準時間をもうけることにより，そしてその時間に従うことにより，地球規模の経済交流が可能となったのである。今や，標準時間を管理するマスター・クロックなしには世界は身動きがとれない。これは，コンピュータの 2000 年問題が世界中を震撼させたことからもうかがえる。

　標準時間の採用は，経済交流を可能にしただけではなく，地球規模での異文化交流をも可能とした。標準時間を軸とした時間システムにより，交通・通信網が発達し，もはや地理上の距離は交流の妨げにはならない，とまでいわれるようになった。マクルーハンのいう「**地球村**」の誕生である（詳しくは第 IV 部参照）。

　だが，標準時間，時計時間が世界を駆けめぐる，つまり時間のグローバル化が進む一方で，それに対する抵抗感も残っている。

ポリクロニックな時間感覚が強い人々にとっては，標準時間に合わせて生活することは苦痛かもしれない。アルジェリアのカビール人は時計を「悪魔の機械 (devil's mill)」と呼び忌み嫌ったが (Bourdieu [1963])，時計時間に追われる生活に嫌気がさしている人は，現代でも多いのではないだろうか。

　地球上には，さまざまな時間が存在する。そして，微妙な時間感覚の差が，コミュニケーションに直接反映する場合もある。たとえば，知り合いを訪ねたが，その人がほかの人と話をしていた場合，すぐに声をかけた方がいいのか，それとも話が終わるまで待った方がいいのかといったコミュニケーション・ルールは文化によって異なる。さらに，たとえ同一文化内であっても（たとえば，都会と田舎や若者と高齢者のように），異なった時間に対する考え方が同時に存在し，人間関係，コミュニケーションに影響を与える。ジェネレーション・ギャップ，地域差を理解するため，相互理解を深めるためには，微妙な時間に対する認識の違いを知ることが必要となるのである。

ゼミナール

1　共同社会と利益社会におけるテンポの違い，そしてその違いがどう人間関係およびコミュニケーションに影響を与えているのか整理してみよう。また，そのテンポの違いが，どのように田舎と都会の雰囲気，ムードの違いに反映されているのか話し合ってみよう。
2　「忍耐」「復習」「懲罰」といった価値観は，文化によって異なるが，どのように異なっているのか例をあげて考えてみよう。
3　出来事時間／時計時間，ポリクロニック／モノクロニックな時間の概念を使って，われわれの日常生活における時間感覚を分析

してみよう。

4 マジックな時間,神話的時間,記号的時間のそれぞれの特徴を整理してみよう。

5 時間を管理するとはどういうことだろうか。どのような権力がそこには働いているのであろうか。

6 異なった時間の認識が異文化対立を生み出す要因になりうるが,その具体例をあげ,この章で取り上げた3つの主要な時間に関する理論を使って分析してみよう。

7 時間に追われる生活を強いられる現代人であるが,これに対する抵抗の動きはないのだろうか。話し合ってみよう。

第6章 言語の力

限界であり可能性であるもの

演説するアドルフ・ヒトラー (共同通信社提供)

　言葉は力：言葉は時として恐ろしいほどの力を発揮する。世界を第二次世界大戦へと向かわせたのは，ヒトラーの巧みな演説であったといっても過言ではない。言葉の威力を知り尽くしたヒトラーは，聴衆の心を見事につかみ動かした。言葉によって，世界が変えられたのである。

　言葉は，周りの世界を一変させるほどの力を発揮する。だからこそ，西欧では古代ギリシャ時代からレトリックが主要な学問として発達してきたのである。また，神話が語り継がれることによって，その文化が代々伝わっていく。言語は，こうしたグループをまとめる力ももっている。第6章では，言語のさまざまな力についてみていく。

バベルの塔

旧約聖書によれば，人間の慢心が神の怒りに触れ，バベルの塔は崩壊した。それまで1つの言語で交流していたあらゆる民族が，それぞれの言語を話し始めた。現在，世界にはおよそ5000の異なった言語が存在し，そのうちの約140種のインド＝ヨーロッパ語が世界総人口の約半分（25億人）によって話されているといわれている（Diamond [1993]）。こうしたさまざまな言葉の存在が，お互いの意思疎通の壁になっていることは間違いないだろう。言葉の壁が異文化コミュニケーションを難しくしている。だが，言葉が違うということは具体的にはどういうことだろうか。

ある事象をA言語では「○○○」と表し，B言語では「□△□」と表現するとしよう。「○○○」と「□△□」はまったく同じことを意味しているのだろうか。「○○○」と表現されたものとそれが指し示している事象は，同一のものではない。「○○○」という表現の中には，文化的背景，社会習慣や発話者の経験や気持ちなどさまざまなものが含まれている。「□△□」にも同じことがいえる。したがって，「○○○」と「□△□」は，同じ事象を指しているように見えるが，実は微妙に異なる。また，図6-1が示すように，英語には日本語の水と湯に当たる単語が存在せず，マレー語には英語のiceとwaterに相当する単語がない。翻訳の難しさは，1つには言語の置換えが微妙な意味の差を生み出したり，説明抜きには置き換えられないところにある。

バベルの塔の崩壊後数世紀を経て，今や人類は英語という「世界共通語」によって新たな塔を築いているかに見える。しかし，本当にそうだろうか。その「共通語」にも地域差があり，また第二言語として英語を話す場合，母語の構造や考え方が英語に反映

図 6-1　ものと言葉の相対的関係

	H_2O		
マレー語	ayer		
英　　語	ice	water	
日 本 語	氷	水	湯

(出典)　(鈴木 [1973])。

される。同一の言語を使用していても、話す人によって文化によって意味上の落差が生じるのである (加藤 [1968])。

　さらに、言語とは単なる道具以上のものである。ある言語の文法構造を知っているからといって、その言語が使いこなせているとはかぎらない。メッセージの伝え方、メディア自体も言葉の意味に深くかかわってくる。メディアはメッセージである (マクルーハン [1987])。話者の人となりも言語に現れる。第6章では、こうした言語の複雑な力を解明していきたい。

言語と世界観　アメリカの言語・文化人類学者 E. サピアとその弟子である B. L. ウォーフは、ネイティブ・アメリカンの言語研究を通じて、次のような結論に達した。言語は単なるアイデアを交換するための道具ではない、思考やその様式を可能にすると同時に規制する、というのである。たとえば、ナバホ族の言葉には所有格 (his/her/our/their) がない。これは、ナバホ族が英語圏の人々とは異なった所有に対する認知様式を有しているためであるとする。また、ホピ族の言葉には、時間を表す単語の複数形がない。彼 (女) らは、時間を空間的広がりをもつものとして考えていないことが、このことから分かる、という。サピアとウォーフのこうした考え方は、「**サピア゠ウォーフの仮説**」と呼ばれている (サピア [1983]；サピア、ウォーフほ

か［1970］；ウォーフ［1978］）。

「サピア゠ウォーフの仮説」は，色の識別や臭い，触覚や感情などと言語の関係にも示唆を与える。たとえば，ナバホ族は青と緑を同じ語で表すが，「黒」は2つの異なった語で表す。おそらく彼（女）らにとって「青」と「緑」を区別することは重要ではないが，2種類の「黒」を識別することは必要だったのであろう。また，イヌイットの言葉には，「雪」の状態を表現する言葉が50語ほど存在する。雪に閉ざされた世界では，微妙な違いも重要な意味をもつのであろう。らくだが身近なアラビア語圏では，ラクダを意味する語が1000以上もあるという。日本語には四季を表す言葉が英語よりも豊富にあるが，これは日本人の季節の移り変わりに対する感受性の強さを反映しているといわれている。つまり，こうした言語的事実は，言語とその言語を使用する人々の世界認識の仕方が密接に関係していることを示しているのである。

話す言語によって思考やその様式が異なるとするサピア゠ウォーフの仮説は，バイリンガルの人の体験談からも裏づけられる。英語と日本語のバイリンガルの学生同士で話す場合，論理的な思考が要求される場面では英語を使いがちだとよくいわれる。どうやら，英語は日本語に比べて，論理的な世界観をより濃く映し出しているようである。言語が異なれば，その世界観も違ったものになるのであろう。つまり，言語とその世界観は密接に関係し合っているのである。

だが，はたして本当に言語は現実を映す鏡なのであろうか。そうなると，「現実」を映す鏡たる言語の数だけ，「現実」が存在することにならないだろうか。たとえ無数に存在したとしても，その中には共通するものがあるはずである。ある意味で言語は「現

実」を映す鏡ではあるが、その「現実」が無秩序に数かぎりなく存在するわけではないとする考え方が、筆者らのとる立場である。さまざまな言語とその世界をゲブサーの理論を援用して整理すると、少なくともマジック、神話的、そして記号的言語とそれぞれの世界観の3つが存在するようである。次に、その3つをそれぞれ説明する。

マジックな世界と言語

歴史が物語るように、征服者は往々にして非征服者の母語の使用を制限し、征服者の言葉を彼（女）らに話させようとする。ブラジルを除く中南米の国々が今でもスペイン語を公用語としているのは、スペイン統治時代の名残である。ブラジルもポルトガルに征服されたため、いまだにポルトガル語が公用語として使われている。アメリカ合衆国では、ネイティブ・アメリカンに英語の使用を強制したため、今では彼（女）らの言葉を知る者はごくわずかとなった。アイヌ語もおおむね同じような運命をたどった。日本はまた、韓国を併合すると同時に韓国人に日本語を公用語とするよう強いた歴史をもつ。

征服者は、何ゆえ被征服者の言語の使用制限にこれほどこだわるのであろうか。おそらく彼（女）らは、言葉のマジックな側面を知っていたからに違いない。非征服者の言葉を奪うことは、その言語共同体の統一性を失わせ、活力を奪いとる近道だということを知っていたからである。そして征服された民は、自分たちにはとうてい思いどおりにならない言語に翻弄されることになるのである。

言葉はこのようにその **世界をまとめる力** をもつ。意味を作り出しそれを伝えることによって1つの世界を作り出す。日本語を話

> **Column ⑮ 内側からの言語・文化支配**
>
> 　征服者は往々にして征服した人々の子どもや若者を親から、そしてその親の文化から引き離そうとする。連れ去られた子どもや若者は、征服者の言語や宗教を学ばせられる。そして、のちにそれぞれの生まれた場所へ返される。つまり、征服者は内側からも被征服者の文化を根こそぎ潰してしまおうと考えたのである。征服者によって教育を受け生地に返された子どもや若者は、そこでリーダーとして征服者の言語や宗教を広める役目を担うのである。
>
> 　たとえば20世紀の初め、多くのネイティブ・アメリカンの若者が、ペンシルベニア州カーライルへ送られた。そして、そこで英語を学び、キリスト教の教えを受けた。「よきアメリカ人」となるための教育を受けたのである。その後、彼らは生まれ故郷に戻り、オピニオン・リーダーとしてアメリカの文化を広める役目を担ったといわれている。オスマントルコもバルカン諸国の人々に対して同じようなことを行った。征服者は、言葉や宗教のマジックな力を知っており、それを利用して被征服者を内側からも征服しようとしたのである。

すということは、日本語という言葉のいわば魔力によってその世界と一体化させられていることを意味するのである。

　言語の人と世界を一体化させる力は、**言語能力とアイデンティティの密接な関係**にも現れている。ブロークンなフランス語を話す日本人は、いかにその人が教養のある人でも、フランスでは日本のようには評価されないだろう。数学の得意な人、つまり数学言語に長けた人は、そのように評価されるだろう。言語を使う能力そのものが、その人の世界およびその人自身と重なり合っているのである。

　また、名前も言語のマジックな力を示している。名前は、その名が指し示す人物との一体感を作り出す。「名は体を表す」という言いまわしがあるように、「言葉はものそのもの」である。自分が慣れ親しんだ名前が変わるのに抵抗のある人が多いのも、名前の

もつこうした力のせいである。一方，成長するに従って名前を変えていた昔の風習も，名前とそれが指し示す人物との一体感を表しているといえる。たとえば，日吉丸が，籐吉郎となり，そして秀吉となったように，当人の成長変化に伴って名前も変えていったが，これは名前の恣意性を示しているのではない。むしろ，人のアイデンティティと密接にかかわっている名前だからこそ変えていったのであって，名前と人物の密な関係を示しているといえよう。映画スターや政治家が名前を変える（たとえば，毛沢東やレーニン，スターリンは生来の名前ではない）のも，名前のもつパワーを信じているからにほかならない。また，中には自分の力が奪われるのを恐れて，自分の名前をけっして敵には知らせない文化もある。北アメリカ大陸に住むカイオワ族，セミノール族，オジブワ族，アフリカのショナ族，アカン族，ンデベレ族，そしてアラブのオマーン人などがこうした風習をもつ。これも名前のマジックな力を示しているといえよう。

　言葉は **呪術的な力** をもつ。言葉の魔術によって，世界が変わる。人は結婚の宣誓をすることにより，今までとは違う人生が始まることを自覚する。裁判官が有罪か無罪かの判決を言いわたすことによって，被告の人生は大きく変わる。戦時中の天皇の言葉は多くの若者を死に至らしめた。戦争が終わったことを告げたのも，天皇の言葉であった。法律や政令が変われば，その世界も変わる。独立宣言によってアメリカ合衆国は誕生したし，日本も戦後制定された新たな憲法によって民主国家として生まれ変わった。

　法はそれが統治する範囲内においては，あらゆるものの頂点として君臨する。裁判官が勝手に法を変えることはけっして許されない。つまり，〈法＝言葉〉自体が意図や意思をもっているのであ

Column⑯ 言語行為論

L. ヴィトゲンシュタインは，言語の抽象的な規則性を問題にするだけでは十分とはいえない，実際にどのように言葉が話されているのかを問題にしなければならないとした（Wittgenstein [1971]）。たとえば，チェスの駒「ビショップ」とは何か。それが何でできており，重さや大きさはどれくらいで，どんな形をしているか分かったところで何の役にも立たない。チェスというゲームの中でどのような役割を果たしているのか，どういう動きをするのか知らなければ意味がない。つまり，ゲームそのもののルールを知らなければならないのである。言語もチェスのゲーム同様，それぞれの言語の抽象的な構造を知ったところで，実際のルールを知らなければ使うことはできない。つまり，「**言語ゲーム**」を知る必要があるのである。

「**スピーチは行為そのものである**」とする言語行為論（speech act theory）は，ヴィトゲンシュタインの「言語ゲーム」をさらに発展させた考え方である（オースティン [1978]；サール [1986]）。言語行為論は，言葉は単に意味を伝え真実を表現するだけのものではない，言葉は周りの世界を変えるものともなる，と説く。つまり，言うことは為すことである。スピーチ，発話がなされると，それによってその発話者を含む周りの状況が変わるのである。宣戦布告によって，戦争が始まる。無罪の判決を言いわたされることによって，自由の身となる。また，「おなかがすいた」という発言の中には，「何か食べたい」「食べ物をくれ」という発話者の意図が含まれており，それを聞いていた人がそういう意図をくみとり食べ物を与える（場合によっては与えない）という行為に及ぶ。言葉が述べられるということは，何らかの行為が行われたことにほかならない。だからこそ，それによって周りの世界が変貌をとげたのである。言語行為論は，世界を変えうる言葉の力，言語のマジックな力を言い当てているといえる。

る。しかし，その法がひとたび拘束力を失うと，言葉の魔力は消えてしまう。結婚の誓約，種々の契約なども同じである。

神話的世界と言語

神話的世界では言葉の「魔力」は失われる。魔法の呪文の意味など問題にならない，つまり解釈の余地さえなかった世界，呪文が正しいか間違っ

ているかではなく利くか利かないかが問題であった世界，そうしたマジックな世界から，言葉の解釈が問題となる神話的世界へと移っていくと，言葉は別な力を発揮し始める。

言葉の字義どおりの意味と，比喩的な意味の二面性が問題となるのが，神話的世界である。朝起きてお茶を飲もうとしたら，茶柱が立っていたとしよう。「あっ，茶柱が立っている」というこの言葉は，文字どおり「茶柱が立っている」という事実と同時に「朝から縁起がいい」という二重の意味を含む。「猫が顔を洗っている」という発話も実際に猫がそうしていることと，「明日は雨かもしれない」という意味を込めてなされる。

だが，第3章でも述べたように，神話的言葉が放つ二重の意味は恣意的なものではない。福を呼ぶといわれる「招き猫」をほかの動物に置き換えることはできない。それでは「招き猫」がもつシンボリックな意味が失われてしまう。

代々語り継がれる神話は，その神話を信じる人たちにとっての価値観をシンボリックに伝えてくれる。語り継がれていくうちに，その神話の細部は変わろうとも，伝える内容の本質は変わらない。そして神話を聞けば，その文化ではどういった人物を善人あるいは悪人とみなすのかが分かる（キャンベル［1984］；キャンベル&モイヤーズ［1992］）。どういった行為が正しく，何が悪なのかが分かる。また，どこでどのようにしてその文化，民族が生まれたのかが分かる。そして，それが往々にしてエスニック・アイデンティティのよりどころとなっている場合がある。たとえば，戦前の日本では神武天皇によって作られた日本という神話が，日本人の一体感を生み出していた。このようにときに神話的言葉の力は恐ろしいほどの威力を発揮する。

征服者はこうした神話の力，言葉の神話的力を信じていたからこそ，非征服者の宗教を廃し，それにまつわる儀式を執り行うことを禁止するのである。戦後，祝日がその意味を改められたのも（たとえば，紀元節が廃止されたり，明治天皇の誕生日である明治節が文化の日に改められた），連合軍が戦前の神話を一掃しようとしたためである。人々の神話との感情的なつながりを断たなければならないと考えたのである。さもなくば，日本の民主化はありえないと考えたのであろう。

　神話的言語で語られる物語，すなわち神話は単なるフィクションではない。何が正しく，何が美しいのか，勇気，悲しみ，喜びとは何か，心に訴えかけてくる。神話的言語は，非常に説得力があり，人を動かす力をもつのである。それは感情に訴えかけない，心の琴線に触れないスピーチが説得力に欠けるのと対極をなす。

　そして，神話的言語は，現代にも生き続けている。人はグループの結束を強化するために，物語や歌を作る（Bormann [1985]；バーク [1983]；Fisher [1987]；リオタール [1986]；Pearce [1976]）。校歌や社歌，社訓を繰り返し歌ったり語ることにより，人は一体感を強める。大衆消費社会も繰り返し流されるコマーシャルが，いかに生活を便利で快適なものにしてくれるかをわれわれに語りかけることで成り立っている。そして何よりも，人は生を受けた瞬間から，身近な者によってその文化の価値観を語られ，その文化の成員として成長していくのである。神話的言語，言語の神話的力によって自己を形成・確認させられるのである。

記号的世界と言語

感情に訴えグループの一体感を強める力を発揮していた神話的言語は，記号的世界ではその力を失う。そこでは，言語は**抽象性の高いもの**となって

しまう。コンピュータ言語のように，ある一定のルールを遵守することが重要となる。そして，ルールを遵守することによって，効率のよいコミュニケーションが可能となり目的を達成することができる。

ルール，つまり語と語がどのようにつながっているのかといった構造が重視されるのが，記号的言語である。言語学で使われている分類を用いれば，記号的言語で最大の問題となるのは**統語論**（syntax）ということになる。一方，神話的言語にあっては意味の解釈，つまり**意味論**（semantics）が問題となっていた。統語論では，語と語のつながりに論理的一貫性があるかどうかが重視され，構文の意味自体はあまり問題とされない。だが，そうなると極端な場合，無意味な内容であっても，構文が正しければその文は正当であると判断せざるをえなくなる。実際，W. クワインや K. ポッパーのような論理実証主義者の論理を突き詰めていくと，「すべてのペンギンがキーホルダーであり，すべてのキーホルダーが月であるならば，すべてのペンギンは月である」という議論が可能となる。つまり，「すべての A が B であり，すべての B が C であるならば，すべての A は C である」という議論は論理的に正しいとされるため，上のような論理的には正しいが実際にはありえないばかげた議論に対して，論理実証主義者の理論では反駁しようがないのである。結局，意味よりも語と語のつながりや構造を問題とする記号的言語は，このように無意味で無味乾燥な言語となりやすい。コンピュータによる翻訳の多くがそのままでは使いものにならない，あるいは微妙なニュアンスを伝えられないのもこのためである。

記号的言語は，あるルールの中に組み入れられることによって，

> **Column⑰ 〈意味するもの (signifiant)〉と〈意味されるもの (signifié)〉**
>
> 現代記号学の祖F. ソシュールは，記号（言語も記号に含まれる）は〈意味するもの (signifiant)〉と〈意味されるもの (signifié)〉の統一体であるが，その2つの関係は恣意的であるとする（ソシュール [1956]）。つまり，誰かが「ネコ」といったとしよう。日本語が分かる人であればそれが「猫」を意味していることが分かるが，そうでない人には分からない。「猫」は英語では「キャット」だし，スペイン語では「ガト」だし，フランス語では「シャ」である。このように，「ネコ」とそれが意味するものとは必然的な結びつきがあるわけではなく，それは恣意的なものにすぎないのである。ソシュールの言語に対する考え方は，ここでいう「記号的言語」とほぼ同じである。ソシュールの言語論では，言語のマジックおよび神話的側面が説明できない。

意味が付与される。もちろんここで意味するものとは，上の例が示すように，必ずしも「正しい」ものではないかもしれない。別の言い方をすれば，記号的言語の意味は，ほかとのつながりにおいて，または交換のシステムに組み入れられることによって初めて生まれるといえる。言葉自体にもともと備わっている意味などないのである。円やドル，ユーロといった貨幣が価値をもつのは，それ自体にもともと価値が備わっているからではなく，商品との交換価値や為替レートを定めるルールの中に組み入れられているからにほかならない。同じように，ID番号や郵便番号といった記号的言語が意味をなすのも，その数字自体がすでに何らかの意味をもっているためではなく，1つのシステムの中に組み入れられたからである。それによって初めて，たとえば「100-0014」が国会議事堂の所在地（永田町）を意味することになるのである。

この7桁の郵便番号は，つい最近まで3桁だった。郵便番号が3桁から7桁に変わったからといって自分の住む場所の特徴まで

変わってしまったと感じた人は,おそらくいなかっただろう。このように,記号的言語は人の感情に訴えかけない。機能的ではあるが,情緒的なつながりを求めないのである。

記号的言語の無機質性は,ワープロで書かれた原稿に並ぶ文字にも表れている。ワープロ原稿と手書きの原稿では,伝わってくる気持ちが違う。有名作家の手書き原稿には付加価値がつくのに,ワープロ原稿にはつかない。それは,ワープロ原稿は再生可能であるが,手書き原稿はそういうわけにはいかないからである。また,手書き原稿からはその作家の性格やそのときの気持ちが筆跡から伝わってくるが,ワープロ原稿からは伝わってこない。記号的言語が並ぶワープロ原稿は機能的ではあるが,情緒性に欠ける。基本的には記号的言語である車のナンバーに,余分にお金を払ってまで自分の好きな番号を取得する人がいるのは,記号的言語の無機質性にあきたらなくなったからであろう。

情緒性を廃し機能的であろうとする記号的言語は,曖昧さを嫌う。比喩的な意味合いを含み,どことなく曖昧さを残した神話的言語は,コンピュータ・マニュアルのような手引き書では忌み嫌われる。正確にコンピュータを使いこなせるよう手引きすることを目的とするマニュアルでは,記号的言語が使われるのである。

3つの世界と言語

以上,3つの世界と言語をまとめると次のようになる。マジックな言語は1次元的同一性を生み出すという特徴をもち,いわば単純に何かを作り出す力をもつ。語られた言葉は,まさにそのとおりの意味である。神話的言語においては,字義どおりの意味とそれが象徴する意味という2極化が起こる。だが,意味の2分化が起こってはいるものの,そこにはどこか曖昧さが残されており,2次元的世界を表

しているといえる。そして，記号的言語においては，曖昧さは排され論理的に正しく正確であることが求められる。第3の視点を加えることにより，論理性，客観性の判断が可能となった3次元的世界がここに見られる。

ところで，こうした3つの言語・世界は，あらゆる言語行為，発話の中に同時に存在する。つまり，すべての言葉，発話の中に，この3つの要素が必ず入っているのである。もちろん，その比率は異なる。たとえば，曖昧さを排した記号的言語とされる自然科学における法則にしても，その法則に従えば何かが生み出され（マジックな側面），それによって人々は感情を動かされる（神話的側面）といった力を同時にもちうる。記号的側面がもっとも強い一方，ほかの2つの力も少なからずもっているのである。前述の車のナンバーの例や，電話番号にこだわったり，与えられた番号の語呂合わせをしたり，といった例も3つの言語・世界の複雑な力を示しているといえよう。3つの世界・意識の重層的構造がここにも現れているのである（第3章参照）。

声の文化と文字の文化

神話的言語と記号的言語の違いは，W. オングのいう **声の文化** と **文字の文化** の違いとも関係する。オングは，「書く」というコミュニケーションの手段（media）が生まれたことによって，人の思考様式や性格，そして社会構造が大きく変わったとする。つまり，メディアが「話す/聞く」から「書く/読む」へと変わったことによって，文化自体も変わっていった，オラリティ（声の文化）からリテラシー（文字の文化）へと変貌したというのである（オング［1991］）。

オングは，言葉とはまず第1に声であり，歌やスピーチ，つまり声が発せられることによって，語られる物語に生命が吹き込ま

れるとする。語られる言葉は，単に何かを表現している記号ではないのである。ゆえに，声の文化で生きる人は，言葉にはある種の力があると信じているという。一方，書かれた言葉はある平面上に投げ出されたモノのように捉えられ，言葉自体に生命力を感じることなどできない，それが文字の文化の言葉に対する感覚であるとする。

また声の文化では，知っているということは覚えているあるいは思い出せるということで，そのため記憶術として決まり文句が多く存在する。つまり，思考は格言やあるまとまりをもった表現で示され，高度に組織化されていることが多いのである。そして，その表現は生活により密着したものとなる。さもなくば，記憶にとどめることは容易ではない。さらに，そうした表現，物語は，人から人へと身をもって代々伝えられる。人と人との密着した関係が生まれるのもそのためである。そして，覚えるのには根気がいる。長い年月をかけ習得したものは，そうそう簡単には放り出せない。そのため，声の文化はどうしても伝統主義的，保守的にならざるをえない。こうした声の文化の特徴は，前述の神話的言語世界を思い出させる。

それに比べて，文字の文化では，書くという作業によって，知識は生活経験から離れたところで構造化される。いったん距離をおいたところで，出来事や考えがもう一度整理し直されるのである。要は，分析・カテゴリー化という作業が書くことによってよりスムーズに行われるのである。そして，生活経験といったん距離をおくことによって，客観的に物事を分析する態度が可能となる。

文字の文化では，知識の伝達も書かれたものに頼る傾向が強ま

る。ハウ・トゥー的，マニュアル的な書物が，徒弟制度のような知識の伝達方法にとって代わる。そのため，人間的な密な関係が失われることになりかねない。文字の文化は，前述の無機質な記号的言語世界と密接に関係しているといえる。

　たしかに，話す言葉によるのかあるいは書いた言葉を使うのかによって，言葉の微妙な意味は変わってくる。面と向かって話されれば，言葉のトーンやその人の表情などが伝わってくるし，その場を共有しているという意識が強くなる。それに比べて，書かれた言葉で伝えられるメッセージからは，その人自身の姿が見えにくい。

　さらに，話し言葉と書き言葉は，異なった意識を反映している。話し言葉は，場の一体感を求める意識，書き言葉は論理的・分析的な思考を求める意識が現れているといえる。

　歴史的に見て，活版印刷が普及する以前は，話し言葉中心の声の文化だったが，それ以降は書き言葉が中心となる文字の文化へと移行した。日本で活版印刷が普及するのは明治以降である。ゆえに，それ以前は声の文化だったといえる。江戸以前は，知識の伝達は師から弟子へと直接身をもってなされていた。また，書物も音読されることを前提に書かれていた。このことは，今では当然のように打たれている句読点がそれらの書物にはないことから裏づけられる。つまりこうした書物には，あくまで声の文化の補佐的な役割しか与えられていなかったのである。

　今でも声の文化は世界各地に存在する。ネイティブ・アメリカンの言葉のほとんどが文字をもたない。アイヌ語もそうである。書かれたものを読むことが当たり前の社会に生きるわれわれにとって，こうした文字のない文化を理解するのは容易ではないかも

しれない。

言語能力とアイデンティティ

言語を理解する，その能力を身につけるということは，単にある言語の語彙と文法を知るだけでは十分ではない。その言語世界を知らなければ，真に身につけたとはいえない。発話のタイミング，その場に応じた表現，話の聞き方，身振り手振りを知り，さらにその言語のもつ微妙なニュアンスやパワーも知らなければならない。言葉を自由に操れるということは，その言葉が自分の一部となることである。頭の中で翻訳するのではなく，言葉が思考と一体となって自然と口から流れ出してくる。つまり，言葉のマジックな力を身につけるのである。そして，言葉を自分のものにした者は，言葉をもてあそぶことすらできる。そして，書かれている言葉が語る以上のものが伝わってくるかもしれない。言葉と自分との融合，言葉が表す文化との融合が起こる。**自分が操る言語共同体との融合**とでもいえよう。

言語能力を身につけることは，それ自体で力となる。たとえば，日本において英語が話せることは，一種のステータスと考えられている。たくさんの人が英語を学ぼうと英会話学校に通う。アメリカにおいては，白人エリートが使う英語を話せることが社会で成功するための1つの鍵となっている。つまり，彼らが使う英語がアメリカでは「**上層語**（acrolect）」と考えられているためである。上層語は教育を受けた階層が話す言語変種で，それを話すことによって社会的に信望を集めることができ，多くの点で有利であるとされる。これはおもに下層階級によって話される言語変種である「**基層語**（basilect）」と対をなす。基層語を話す人々は，語彙や表現の豊かさに欠けるとされる。自分をうまく表現する手段

Column⑱ コミュニケーション調整理論

英語のネイティブが，相手の英語力に合わせてくれているためか，ゆっくり，そして内容まで平易に話してくれる場合がある。それを人は親切ととるかもしれないし，馬鹿にされていると不快に感じるかもしれない。逆に，英語を流暢に話されると，自分の英語能力と比較して，惨めに感じる場合もある。このように，話者が（意図的あるいは非意図的にかかわらず）相手のスピーチ・パターンに合わせようとする（convergence）のかあるいは違いを際立たせようとする（divergence）のかによって，相手への心理作用が異なる。こうしたスピーチ・パターンと心理的作用に関する一連の理論を，コミュニケーション調整理論と呼ぶ（Giles, Mulac, Bradac & Johnson [1986]）。そしてこの理論は，さまざまな状況において（たとえば，患者と看護婦，老人とその介護者，留学生と現地学生など）検証が進められている。

をもたないと見なされるのである。そのため，社会的な力が弱い。彼らが社会的力をつけるためには，上層語のマスターが必要不可欠となる。話す言語によってその人の社会的地位，アイデンティティが決まるのである。

　だが，この言語能力とアイデンティティのつながりが，異文化理解において大きな障壁となる場合もある。たとえば，日本語がかなり使いこなせる外国人が間違った敬語の使い方をしたとしよう。日本語のネイティブではないからと大目に見る人もいるだろうが，失礼なやつだと腹を立てる人もいるだろう。前述のブロークンなフランス語を話す日本人は，フランスでの経験を快いものと思わないかもしれない。また，本来の自分の能力を分かってもらえないとして不満を述べていた留学生の例（第1章コラム④）も，言語とアイデンティティの密接な関係，そしてそれが異文化理解を妨げる原因となりうることを示している。

　以上，言葉のさまざまな側面を見てきたが，言語の違いが異文

化コミュニケーションを難しくしていることは間違いない。言語は話者の世界と密接な関係を有しており,単に「道具」として理解しただけでは,相手を理解することはできない。しかし,だからこそ異なった言語に触れるということは,今までにない新たな視点に気づくことにもつながる。つまり,異文化コミュニケーションのおもしろさが言語に凝縮されているといえよう。**言葉の壁は,限界であると同時に可能性**でもある。

ゼミナール

1 言語が思考やその様式を規制するとするサピア=ウォーフの仮説を,日本語と英語とその言語世界を比べることによって検証してみよう。

2 言語のもつマジックな力を整理してみよう。

3 言語がもつマジックな力とアイデンティティとはどのような関係にあるのだろうか。

4 言語のもつ神話的力を整理してみよう。

5 現代日本において,何が神話的物語といえるだろうか。また,その具体的な役割について話し合ってみよう。

6 記号的言語の特徴を整理してみよう。

7 あらゆる言語行為,発話の中には,3つの言語・世界(マジック,神話的,記号的)が共存する。具体的な例をあげて,その3つがそれぞれどのようなものか,考察してみよう。

8 翻訳の限界について,具体的な例をあげながら話し合ってみよう。

9 声の文化と文字の文化の特徴を整理してみよう。

第7章　場の形成

人は「故郷」を求める

ボランティアらに出迎えられる中国残留孤児たち
(成田空港，1999年11月，毎日新聞社提供)

中国残留孤児：敗戦直後の混乱の中，中国に住んでいた日本人の多くが引き上げの際，最後の選択として中国人にわが子を託さざるをえなかった。日本人として生まれたが中国人の養父母のもとで育てられた人々，いわゆる中国残留孤児と呼ばれる人々が，こうした事情により多数存在するのである。日本と中国の国交が回復して以来，毎年彼（女）らは肉親を求めて日本へやってくる。彼（女）らの多くは，養父母の住む中国への思いと同時に両親や兄弟，親戚の住む日本へのあこがれを語る。彼（女）らにとっては，中国も日本も重要な場所，親密な場所に違いないし，おそらく両方の国が故郷なのかもしれない。

　人は1つ以上の故郷をもつことができる。何も生まれ育った場所だけが故郷というわけではないのである。留学先，移民先が自分にとってはなくてはならない場所，と思えるようになるかもしれない。第2の故郷となるかもしれない。要は，故郷とはその人にとって非常に親密な場所，こだわらざるをえない場所なのである。

物理的空間と場

それまで一度も足を踏み入れたことのない場所へ行ったとしよう。ある人はそこをよそよそしいところと感じるかもしれないし、別の人は親しみのある場所と感じるかもしれない。同じ空間であるのに、人によって受けとり方が違う。また、引っ越した直後で知り合いも1人もなく慣れない環境におかれると、その場所を冷たいと感じてしまうが、友だちができたとたん、その同じ場所がなかなかいい町に思えてくることもある。物理的には同じ空間なのだが、その人とその空間のかかわり合いの内容によって、そこがさまざまな意味をもつ場所となる。このように物理的な空間以上の意味をもつもの、それが「**場**」である。

「場」は満たすことが必要な空っぽの容器・空間ではない。そこには、すでに何らかの意味が与えられている。われわれとの関係が示されている。だからこそ、われわれは場に対して感情的な反応を示すのである。友だちと夢中になって話しているところへ、誰かに声をかけられて気分を害された、こんな経験をしたことはないだろうか。自分と友人が作り出していた場、それは2人にとって非常に親密な空間だったのだが、そこへ侵入者が現れたのである。場は恣意的な空間、つまり記号的な空間ではない。この2人が作り出した場は他と置き換えられないし、また2度と同じ場をほかの機会に作り出すこともできない。場はその空間との一体感や親密度が問題となる、非常にマジックかつ神話的な空間といえる。

だが、場を作り出すのは「空間」への意識だけではない。そこにかかわる人々の空間や時間、具体的な言語、そのほかの経験が関係し合って場は生まれる。人はほかの人と同じテンポで作業を

進められなければ，疎外感を感じてしまうかもしれない。また，ほかの人が使っている言葉の意味が分からなければ，その場に居づらいと感じるかもしれない。このように場によってわれわれは自分を部外者と感じたり，部内者と感じたりするのである。

　われわれは場に生きている。経験が場を生み出し，場が経験を生み出す。われわれが場の雰囲気を作るし，その場の雰囲気によってわれわれの気分や経験の内容も大きく変わってくる。第7章では，こうした自己の経験が大きく関与している場，そして人がもっとも強い帰属意識をもつ場である「**故郷**」について見ていく。まず，場のもつ人とのマジックな一体感と，内と外を隔てる神話的感覚を理解してもらうために，なわばりについて考察を加えたい。

動物となわばり　　動物は**なわばり**をもつ。そしてそのなわばりの主張は，多くの場合自分の臭いを残すことによってなされる。だが，臭いだけがなわばりとそうでない領域を区別する手段ではない。鳥類学者 E. T. ギリアードや H. E. ハワードによると，鳥はさえずることによって仲間の群と連絡をとったり，ねぐらとつがう場所とを区別したりするらしい (Gilliard [1963]；Howard [1920])。

　なわばり行動は，動物の生死をも左右しかねない基本的な行動の1つである。なわばりをもつことによって，学習や遊び，身を隠すための安全な場所といった生活の枠が設定される。食料の確保も可能となる。だが，同一のなわばりにほかの同じ種が居たのでは十分な食料の確保ができなくなる。つまり，なわばり行動とは，種の個体密度を調整する機能を担うのである。そうすることによって，種の繁栄が保障されるのである (Hediger [1961])。

Column⑲ 行動のシンク

　動物行動学者の J. B. カルフーンは，何らかの原因で個体密度の調整機能が狂い，個体密度過密状態が起こると「行動のシンク (sink)」と呼ばれる病的な状態が発生するという。シンクとはゴミや汚水が溜まる場所で，不健康で病理的な現象を象徴的に表す言葉である。「行動のシンク」には，制御できないほどの侵略性，異常な求愛や性行動，混乱した巣作り，あるいは共食いといった現象が含まれる (Calhoun [1962])。

　「行動のシンク」は人間をも含めたあらゆる動物に起こることが確認されている。込み合った場所は，動物に多かれ少なかれストレスを与える。しかし少々のストレスでは，「行動のシンク」は起こらない。ストレスが苦痛 (distress) となったときに，行動や肉体的な異常が起こり始めるのである。さまざまな動物において，個体・人口過密状態は「行動のシンク」だけではなく，副腎皮質刺激ホルモン異常といった物理的病理現象も引き起こす。そしてそれが肝臓障害，血圧上昇，心臓機能の低下といった具体的な症状となって現れてくるのである。

　さらに，なわばり行動は力の具体的な現れである。十分ななわばり，生き延びていくのに十分な食料が確保できなければその動物は死んでしまう。そのため，時には熾烈ななわばり争いも起こる。そして，常に強者がそのなわばりを獲得するという自然の法則が生まれるのである。

　こうしたなわばり確保のための戦いは，エコロジカルな関係性という地球全体あるいは宇宙全体をも含むような大きなネットワークの中で行われる行為である。動物は，そのネットワークの中で自分のなわばりを見出す。なわばりはあらかじめ決められているわけではない。また，動物はすでに事前に組み込まれたそれぞれの生態的地位に単純に「適合」するだけではない。多くの動物が，みずからそれぞれの生息環境を作り出すという作業をある程度行っているのである。そして，そのみずからが作り出した生息環境によって動物自身が形作られる，といったことも同時に起こ

る。いわば動物と生息環境が常に対話を行っている状態, そしてその対話自体も生命をもち, 周りとかかわっている状態とでもいえよう。

> 人となわばり

こうしたなわばり行動は, 動物だけのものではない。人間も動物と同じようになわばり行動を行う。自分の部屋や仕事場の机を気に入った小物で飾り立てるのも, 一種のなわばり行動である。自分にとって居心地のいい空間を作り出そうとするのである。そうすることによって, 他者の侵入を拒否する, あるいは自分の場所であることを主張できる。

また, 人の行動範囲もおのずと決められている。通常買い物をする場所, 遊ぶ場所, 食べる場所, 寝る場所などは決まっている。そして, 人はこうした生活域から離れることによって, 不安になったり逆に興奮を覚えたりする。つまり, 人間は空間を自分との心理的・社会的つながりにおいて認識しているからこそ, 自分のなわばりから離れることにより, さまざまな感情が呼び起こされるのである。

さらに, 動物においてなわばり行動が力と関係していたように, 人間のなわばりも社会的地位や権力と大いに関係する。誰もが基本的にもつなわばりである家は, その大きさや作りの美しさ, 所有形態 (賃貸か持ち家か) によって社会的地位の高さや権力を誇示する。建てられる場所によっても, たとえば都心の一等地や高級住宅地にあるのか, それとも都心から2時間ぐらいかかる場所にあるのかによって, 誇示する地位や力に差が生まれる。会社の中でも, 地位が高くなればなるほど眺めのいい部屋, 大きな部屋が得られる。そして, 人は次第にその場所にふさわしい態度を身に

つけるのである。

　なわばりとは，自分が安心して身をおいていられる場である。慣れ親しんだ人や物，音，臭い，手触り，味に囲まれたなわばりに身をおくかぎり，取り立てて考えなくても行動できる。いわば人となわばりのマジックな一体感とでも呼べるような関係がそこでは生まれている。だからこそ，そのなわばりがひとたび他人に侵されると，人は感情的になる。知らない人が家の庭を横切ったり，誰かが勝手に自分の机を使っていたりすると不快になったり，あるべき物があるべき場所にないといら立つのである。また，なわばりとそうでない場所，親密な空間とそうでない空間を隔てる神話的意識もなわばりという場の認識には現れている。内と外を分ける意識がなわばりを作り出すのである。要は，なわばりはわれわれにとってある種の親密な場，特別な場なのである。

人と場の関係

　なわばりがそのなわばりの「所有者」にとってある種の親密な雰囲気を漂わせていたように，場はそれぞれほかとは明らかに異なる雰囲気を醸し出している。そして，それが何らかの意味を生み出している。だからこそ人は，ある場所に対してはなぜか懐かしさを覚えるのに，別の場所には嫌悪感さえも抱いたりする。

　映画あるいはテレビの撮影技術者は，画面上に作り出したい町の「色」をよく知っているといわれる。たとえば，彼らはニューヨークで起こっているはずの話をロスアンゼルスで撮影しなければならない場合，ニューヨークの色を出すためにブルーのレンズフィルターを使うという。ニューヨークという場を作り出している社会や自然環境といった要素が複雑に絡み合って，ニューヨークらしい色が生まれたのであろう。

風の強い場所，曇った日の多い場所，雨あるいは雪の多い場所，緑の多い場所，込み合った場所，海の香りが漂う場所，大家族の多く住む場所……。われわれはこういった場所のもつ性質をみずから経験し，それを自分なりに統合していく。同じ東京という都市であっても，人によって感じ方が違う。あれほど込み合った場所には耐えられないという人もいるだろうし，人が多いということは活気があっていいと感じる人もいるだろう。東京の臭いが鼻につくという人もいるだろうし，それほどでもない，あるいはかえって熱気を感じるという人もいるだろう。人と場との関係は，このように非常に個人的なものである。

　そして，個人的であるがゆえにその関係は一定ではない。その人がいつ，どのように，東京のどの部分を経験したのかによって，関係は変わる。人も場もただ1つの側面をもっているわけではない。さらに，人も場も変わっていく。10年前の自分と今の自分がまったく同じではないように，場も時とともに変わっていく。そうなると，当然両者の関係も変わっていくのである。

場と文化的コンセンサス

　場とはさまざまな実践が営まれている場所である。人々が語り合い，出会い，教育や子育てが行われ，政治活動や経済活動などが行われている場所である。そして交通網や教育システム，健康管理システムといった社会基盤も場を構成する要素である。だが，こうした実践の内容は文化によって異なる。それぞれの実践の内容は，文化的コンセンサスによってその文化特有の性質をもつのである。

　では，文化的コンセンサスとはどういう意味だろう。カラスのねぐら，巣を例に考えてみたい。1930年代テキサス州西部をおそった干ばつは，カラスが巣作りに使う草や木をも枯らしてしまっ

た。そこでカラスは草や小枝の代わりに、鉄線を使って巣を作ったそうである。都会のカラスも十分な小枝がなければ、巣作りに使えそうなものなら何でも利用する。ワイヤーでできたハンガーや鉄線を使って巣を作るカラスは、昨今そう珍しくはない。しかし、小枝を使おうと鉄線を使おうと巣には違いない。つまり、巣の材質は変わるが、巣という根本的なスタイルは変わらないのである。

人間もカラスなどの鳥や獣と同じように、「ねぐら」をもつ。その「ねぐら」の材質はコンクリートや木といった具合に変わるだろうが、そのスタイルはその文化共通の性質を有する。そこには、われわれの伝統や歴史、内面化された習慣が具体的な形となって現れている。細部は違おうともそこには何らかの共通のスタイルが感じられる。自分の思いどおりに作ったつもりの「ねぐら」でも、おのずとその文化に広く受け入れられているスタイルに落ち着いてしまっているのである。

これは何もスタイルにかぎったことではない。人は社会化の過程でその文化特有の思考パターンやものの見方などを内面化していく。つまり、文化的コンセンサスとは、ある種の固有のものがその文化において自然に受け入れられていることであり、それはあまりにもとけ込んでいるがゆえに、受け入れていることすらふだんは気づかないのである。

P. ブルデューは、個々人の中に植え込まれるこうしたある一定の方向づけのメカニズムを「**ハビトゥス**」と呼ぶ。ブルデューによると、人はおもに家庭や学校を通じて、基本的な社会構造や習慣を学びこれを身につけていくという。さまざまなものの見方や価値観、言葉や身のこなし方を習得していくのである。そして、こ

うして習得したものがいわば「認識のフィルター」として作用し，個人の行動や思考を方向づけるとしている（ブルデュー [1993]）。

言語は，とくにわれわれの経験を方向づける大きな力をもつ。われわれはあたかも言語という網に捉えられた魚のように自由を奪われている，といってもいいすぎではないだろう。人は，その言語共同体で許されている文法や表現を使うことを求められる。第6章でも述べたように，多くの学者は言語が人の思考を形作ると主張している。さらに，非言語にしてもその共同体で許されている非言語，ジェスチャーや姿勢などを使うことを要求される。さもなくば人はその共同体からはみ出してしまう。

そして，こうした言語・非言語の強制力は，個人でコントロールできるものではない。言語・非言語は世代を越えて受け継がれていくものである。もちろん，言語は時代とともに変わっていくという一面をもつことも確かである。だが，そのためには個人の力以上のものが要求される。つまり，変化にはその共同体のコンセンサスが必要なのである。

ところが，そのコンセンサスは意識的な討論を経て得られるようなものではない。知らず知らずのうちにできあがるものである。つまり，言語をも含めたこうした方向づけは，個々人にとって必ずしも自覚されているわけではなく，はっきりと自覚されないまま習慣としてさまざまな行為が行われることになるのである。

文化的コンセンサスとは，このようにコンセンサスとして存在していることすら，あらためて考えてみないかぎり気づかないものである。だからこそ，こうしたコンセンサスにもとづいた行為が行われる場は，その場に所属しない人間，部外者を疎外してしまっている。別の言い方をすれば，よそ者がその場にふさわしい

Column⑳ われわれを規制する延長物

　マクルーハンやホールが言うように,人はみずからの体の「延長物」を作り出してきた。コンピュータは脳の一部を,電話は声を,言語は体験を,そして記述は言語を時間・空間内に延長したものと言える（ホール[1970]）。また,歴史はヘーゲルによれば精神の延長物と見なすことができる。

　だが,そうした延長物はわれわれが作り出したにもかかわらず,逆にわれわれを規制する方向で作用する。たとえば,言語はわれわれの経験を制限する。言語がもつ文法体系に従うことを人に求めるし,サピア＝ウォーフの仮説が説くように,それによって思考も限定される。歴史も人によって編纂されるものであるが,いったん作られるとその歴史によって人は規制を受ける。天皇中心に編纂された歴史は人が作り出した1つの物語であったはずなのに,逆に人々を縛り戦争へと駆り立てた。このように,延長物は制度としてわれわれを押さえつけるのである。そして,制度の改革は個人の力ではなかなか難しい。とくに,言語のように長年君臨してきた制度は変えにくい。

行動をとるためには,意識して何がふさわしい行為なのかをいちいち確認する作業が必要となるのである。いつ笑えばいいのか,声の大きさはどのくらいが適当なのか,人前でキスをしてもいいのか,同性同士手をつないで歩いてもおかしくないのか,子どもにお仕置をすることが普通なのか,といった社会の規範を習わなくてはならない。そして,その規範を守ることによって,その場に所属するグループの一員として受け入れられる可能性が生まれてくるのである。ただし,ひとたびその規範からはずれると,その場からの追放という過酷な試練が待ち受けている。

場とグループ・アイデンティティ

　場は個々人をそこに属する者とよそ者とに分かつ。そして,それぞれのグループは内部者と外部者という集団を形成する。中学,高校の時,よそのクラスに遊びに行くと,何となく自分の

クラスとは違った雰囲気を感じ，その場にいることに違和感を感じたことはなかっただろうか。部活動の部室にしても，自分たちの部室とそうでない部屋とでは居心地が違ったはずである。つまり，場はその場に所属するメンバーかどうかを分かつ役目を果たす。言い代えると，場はグループ・アイデンティティの形成に大きく関与しているといえる。

社会学者 E. ゴフマンは，同じグループ内の人間は，お互いの役割を担いながら，状況適合的に「演技」することを求められるとする（ゴフマン［1974］）。つまり，お互いの状況への共通の理解，**「状況の定義」**を維持するためにグループ内のメンバーそれぞれが働く/演技するのである。そしてそのように働ける/演技できるということは，お互いにその状況についての了解が成立しているということなのである。こうした了解は，了解していない者を排除する。その場にふさわしくない振る舞いをする者は，排斥される。

その場にふさわしい振る舞いをするためには，その場を共有するメンバーなら誰でも知っていること，つまり共通の知識をもっていなければならない。その知識には，とりたてて意識されないものも含まれる。たとえば，善悪や美醜の判断基準といったものは，はっきりと目に見えるものではないため，部外者には分かりにくい。だからこそ，部外者が間違いを起こしやすいのであり，そのために排除されるのである。

このように外部との知識の差によって，内部の者たちは自分たちとほかとの違い，つまりグループ・アイデンティティを確認する。そして，こうしたグループ・アイデンティティが形成される自分たちの場が侵されると，その防衛あるいは奪回のために必死になって働く。民族紛争の多くが，その民族固有とされる土地あ

るいは彼（女）らの聖地を守るための戦いであることからも，場とアイデンティティ形成の密接な関係がうかがえる。ユダヤ人が世界各地から自分たちの約束の地を求めてイスラエルに集まってくる，そしてその地を自分たちの手に収めるためには死をも恐れない，こうした一見不合理な行動も，その民族と場の感情的なつながりを考えれば納得できる。

　さらに，この感情的なつながりは，往々にして，その民族固有の地，あるいは聖地であることを唱える神話が語り継がれることによって育まれる。そしてそれがグループとしてのアイデンティティのよりどころとなり，それによって民族の結束が強固なものとなるのである。たとえば，ユダヤ人の結束の堅さは，旧約聖書にもとづくユダヤ人にとっての約束の地が，世代や地域を越えて語り継がれていったからこそ生まれたといえる。われわれの場所と彼（女）らの場所を隔てるものは理屈では割り切れない感情的なものであり，だからこそ非常に大きな敷居となりうるのである。

故郷

以上見てきたように，場には大きく分けて自分が所属する場所とそうでない場所の2つがある。前者，つまり自分の場所の中で，もっとも基本的でかつ自分にとって親密なのが「**故郷**」である。詩人のR.フロストも言っているように，故郷とは人が帰るべき場所であり，その人を受け入れざるをえない場所である。故郷の人々にとって，その人はいい意味でも悪い意味でも**重要な他人**（significant other）なのである。たとえその人があまり感じのいい人ではないとしても，あるいは病人や犯罪人だったとしても，その人がその故郷に属する人であることを否定することはできないし，それゆえ受け入れざるをえない。そして，その人自身もみずから選んであるいは何

らかの努力をして，その故郷の一員になったわけではないのである。故郷のメンバーになるということは，いわば生得的なものである。

そうした生得的に所有した場で受け継がれそして共有される知識は，そのメンバーにとっては非常に身近でかつ重要なものであるが，よそ者にとってはとるにたらないものであることが多い。たとえば，叔母が甥に伝える情報，「おまえの笑い方は曾おじいさんそっくりだよ」とか「おまえのお父さんもおまえのようにやんちゃだったんだよ」とか「この家の男は代々相撲が強かったんだよ」などは，甥にとっては大切な話だろうが，他人にとってはつまらない話に違いない。故郷に伝わる英雄伝や怪談などもその地域出身者以外にとっては，それほどおもしろい話ではないかもしれない。

故郷や家にまつわる話は懐かしいものである。物理的に故郷を離れていればなおさらその思いは強い。そういった故郷への思い入れは，ときには世代を越えて心理的なよりどころとなる場合がある。たとえば，日系アメリカ人が野茂の大リーグでの活躍にあれほど興奮したのも，故郷日本への思いが受け継がれていたからにほかならない。また，アイルランド系アメリカ人のアイルランド系としての誇り，そして彼らのアイルランド問題に対する関心の高さも，故郷が心理的よりどころとなっていることの現れにほかならない。

もちろん，故郷に反発を感じ，二度と故郷へは帰りたくないと思っている人，できれば故郷など忘れたいと願っている人もいるだろう。こうした人たちにとっては，故郷はおよそ懐かしい場所とはいえない。だが，故郷に対してほかの場所とは違う何か強い

感情があるからこそ，そのように感じられるのであって，故郷がその人にとって親密な場所，何かしらこだわらざるをえない場所であることには変わりはない。

新たな「故郷」の形成

ところで，故郷とは自分が生まれ育った場所のことだけを指すのであろうか。日系アメリカ人やアイルランド系アメリカ人の故郷はアメリカであって，彼（女）らの祖先が生まれた国，日本やアイルランドは故郷とは呼べないのだろうか。彼（女）らの中には，祖先がやってきた国に対し，強い思い入れを抱いている人たちもいる。おそらくそういう人たちにとっての故郷は，アメリカと祖先が生まれた国の両方なのではないだろうか。人はただ1つの故郷をもつとはかぎらない。新たな場所で，新たな故郷を形成することも可能なのである。

人は自分の「故郷」と似た場所に出会うと，郷愁を感じる。故郷と同じようなペースで生活している人たちと出会うと安心する。また，慣れ親しんだアクセントや表現を聞くことにより郷愁の念を駆き立てられる。自分と同じような姿格好，服装をした人を見つけるとほっとする。異なった言語環境の中で，自分と同じ言語を話す人に出会って安堵することもある。

このように人は新しい環境の中で，今まで慣れ親しんだもの，それに似たものに触れると親しみを覚える。そして，みずからそうしたものを求めようとすらする。しかし，人はそうして求めたものが，自分が慣れ親しんできたものとまったく同じではないことに気づかされる。そこで郷愁の念と新たな発見への驚きを同時に経験することになるわけである。こうした作業の積み重ねによって，人はその地で新たな自分の場を形成していく。自分が帰属

Column㉑ 判断の不可避性

物理的には同じものでも、人には自分にとって慣れ親しんだものとそうでないものがある。そして、こうした振り分けは文化によって培われたものが多い。外国に行ってみそ汁の香りがすれば、日本人は懐かしいと感じるだろうが、日本人以外の人には何の意味もない。それどころか、嫌な匂いと感じる人もいるだろう。中国の作家魯迅は、日本滞在中、毎朝臭ってくるみそ汁の香りに辟易したという。慣れ親しんだものとそうでないものの判断は、自分でも気づかないうちに行われている。

無意識に行っている判断（pre-judgement）、これが偏見である。このような判断は、否定的なものもあるだろうし、肯定的なものもありうる。たとえば、自分にとって見慣れないものや聞き慣れないものに出会うと、それが気になり出すだろう。つまり、異質なものは、よくも悪くも自分にとって「重要」なものとなる。多くのクラスメートの中でもっとよく知りたいと思う人もいれば、鼻につく人もいるだろうが、どちらもほかの多くのクラスメートと比べて気になる存在には違いない。旅行や留学などで、自分が慣れ親しんだ町並みや町の匂いと異なる場所へ行くと、それが気になり出す。そうした違いが新鮮な驚きと喜びを与えてくれる場合もあるだろうし、嫌な気分を引き起こすこともあるだろう。普通、「偏見」という言葉が使われるときは、たいてい否定的な意味をさす場合が多いが、本来は自分がもともともっている基準に合わせて判断することである（Gadamer［1975］）。

人は、自分の判断基準を捨てることはできない。人は何らかの基準にもとづいて事象を1つの意味あるまとまりと知覚するため、自分の判断基準を否定することは、思考の停止、五官機能の停止をも意味しかねない。しかし、判断基準を広げることはできる。異質性との出会いによってそれは可能となるのである。異質なものと触れ合うことによって、自分の世界が広がっていくのである。

していると思える場を新たに作っていくのである。新しい環境を自分が思いどおりに操れる、どこに何があるのか、どのように振る舞えばいいのか考えなくても自然に体が動く、いわば「オーナーシップ」のようなものを打ち立てていくのである。そしてその「オーナーシップ」が確固たるものになったと感じられたとき、そ

してその場がより自分にとって親密なものとなったとき，人はそこが自分の故郷であると感じるようになるかもしれない。

新たな故郷の形成とは，いわば自分本来の文化と新たな文化とが「融合」することである。人はこうしたプロセスを経ることによって新しい環境で生きていくことができる。ホスト文化，つまり相手の文化に「同化」しているのではないし，相手に合わせる（適応）のでもない。みずから相手の文化を取り入れてそれを消化し，みずからの文化と融合していくのである。同化，つまりみずからの文化を否定するのではなく，また適応，つまりみずからの文化と相手の文化を使い分けるのでもなく，新たな文化と触れ合うことにより，今までにない自分を発見していくのである。もちろん，こうしたプロセスは常に成功するとはかぎらない。新たな文化を消化しきれず，それがストレスや病的症状として現れる場合もある。次の第III部では，こうした新たな文化への具体的な対応のプロセスとそこに現れるさまざまな現象を，詳細に見ていく。

ゼミナール

1　物理的空間と場の違いについて整理してみよう。
2　動物がなわばりをもつ習性に関して，動物とその生息環境は対話的関係にあるというが，それはどういうことだろうか。
3　自分のなわばりについて考えてみよう。また，そのなわばりが侵された場合，どのような気持ちになるのか，具体的な場面を想定して話し合ってみよう。
4　人と場の関係は固定されたものではない。その関係は常に移り変わっていくものである。では，その流動的な関係とは具体的にはどういうものなのか，例をあげて考えてみよう。
5　文化的コンセンサスとはどういうことなのか，またそれがブ

ルデューの概念である「ハビトゥス」とどのように関連しているのだろうか。

6 場がいかにグループ・アイデンティティの形成にかかわっているのか整理してみよう。

7 故郷とはどういう場のことをさしているのであろうか。また，故郷とは自分にとってどういうものなのだろうか。

8 新たな「故郷」の形成とはどういうことなのか整理してみよう。

第III部
異質性と向き合う

★第III部の「異質性と向き合う」は，異文化接触における具体的な課題を扱う3つの章（第8章から第10章）からなる。

★文化融合のプロセスに欠かせないのが，「カルチャー・ショック」である。周りのものすべてが見慣れないものと感じられる，帰属意識が感じられない，そうしたときに感じる何らかの「ショック」あるいは違和感が，「カルチャー・ショック」である。だが，ひとたびその状態から抜け出せば，新たな発見も生まれる。つまり，人は異質性と向き合う中で，さまざまな形で折り合いをつけなければならないのだが，その中の1つのプロセスとして「カルチャー・ショック」は捉えられる。このように第8章「カルチャー・ショック」では，その概念を広義に解釈し，考察を加える。

★第9章「価値・規則と異文化接触」は，異文化衝突の原因となりうる価値観や規則の相違について考える。価値観が具体的な形となったものが規則である。その規則を破れば，制裁を受ける。異文化に身をおくと，自分でも気づかないうちに規則違反をしていることがあり，その結果，何らかの制裁が加えられる。しかし，規則破りが新たな活力を生み出す原動力ともなりうる。

★コミュニケーション能力の有無も，実は適切な規則破りができるか否かにかかっているのかもしれない。第10章「コミュニケーション能力と相互理解」では，異質性と向き合う中で問題とされるコミュニケーション能力について考えていく。既存のコミュニケーション能力概念の検討およびコミュニケーション能力とは何か，相互理解とは何かを検証する。

第8章 「カルチャー・ショック」

衝突から融合へ

　2人の留学体験：東京の大学生，琴美と彩乃はドイツ語を学ぶために，半年間ドイツのハイデルベルグへ留学することにした。2人ともドイツへ行くのは生まれて初めてだったので，出発前は期待に胸躍らせていた。ところがいざハイデルベルグに着いてみると，琴美は期待どおりの美しい町並みに満足し語学学校の生活も楽しんでいるようなのに比べて，彩乃はドイツ生活のすべてに対して不満を抱いているようだった。2人は同じ場所で同じような生活をしているにもかかわらず，まるで異なった経験をしている。彩乃はいわゆる「カルチャー・ショック」をハイデルベルグに着いてそれほど時をおかずして経験しているのである。だが，琴美も一見するとうまく環境の変化に順応しているように見えるが，何らかの葛藤を経験しているのかもしれない。「カルチャー・ショック」とは，程度の差こそあれ誰もが経験するものなのかもしれない。

> 「カルチャー・ショック」とは

初めての場所へ行くと、見るもの聞くものすべてが目新しく感じられる。つまり、経験するものすべてが「前景」へとせり出しひときわ印象的に感じられるのである（シュッツ [1980]）。ただ、その経験が興味深いものとなるのかあるいは混乱、不安な気持ちを引き起こすのかは、人によって異なる。目新しいものに触れてそれを面白いと感じるのかそれとも不安に感じるのか、そしてその程度も人によって差がある。「カルチャー・ショック」を受ける程度も人さまざまである。つまり、「カルチャー・ショック」とは、すべての経験が主観的なものであるように、**主観的な経験**にほかならない。

「カルチャー・ショック」は、程度の差こそあれ、新しい文化を取り入れ自分のものにしていく、つまり**文化融合のプロセスにおいては避けられない経験**である。人が新しい環境になじんでいくということは、その環境にも少なからず変化を与えるし、自分自身も変わっていくことである。われわれの住む世界とわれわれとは、絶え間なくコミュニケーションを行っている、つまりわれわれは「意味のエコロジー」の中に身をおいているのである。第8章では、「カルチャー・ショック」をこうした広い視野のもとに検証していく。

「カルチャー・ショック」現象が見られるのは、何も外国へ行くときに限定されるものではない。自国内での転勤、親元を離れて1人暮らしをするといった折りにも起こりうる。だが、ここではおもに文化差の大きい地での経験ということで、外国へ行った場合が話の中心になる。また、旅行者においても、いわゆる「カルチャー・ショック」は起こりうるだろうが、おそらく長期滞在者

とは異なる経験であろう。すぐに自国へ帰るのが分かっている状況と，長期に渡って（その期間はさまざまであろうが）滞在しなければならない，または帰ることなどできないような状況では，おのずと経験も変わってくる。長期滞在者は，新たな地である程度の適応を強いられることは避けられないのである。

ところで，「カルチャー・ショック」および「文化適応 (cultural adjustment)」について語られる場合，永住者としての移住者と区別する意味で，期間滞在者をさす**ソジョナー** (sojourner) という言葉が使われることがある。そこではソジョナーは，留学生や海外赴任者のように帰国を前提とした長期滞在者，という意味で使われている。だが，ソジョナーとはもともと，1つの文化環境に長期に渡ってとどまらない人，頻繁に移動を繰り返す人という意味であった。いつのまにか意味が変化してしまったのである。

したがって，この章ではソジョナーという言葉は避けることにする。また，第8章で取り上げる現象は，おもに永住者としての移住者も含めた長期滞在者に関することを断っておく。

「カルチャー・ショック」の定義上の問題

アメリカにおいては，1950年代の終わりごろから「カルチャー・ショック」および「文化適応」に関する研究がさかんに行われるようになった。「カルチャー・ショック」という言葉は，1957年にR. L. ビールズとハンフリーが初めて使い，その翌年文化人類学者K. オバーグがその解説を行ったことから次第に広がったとされている（星野 [1980]）。日本でこの分野の研究がなされるようになったのは1970年に入ってからである。「カルチャー・ショック」と，そのまま訳さず用いるか，または「文化ショック」と前半部分だけ訳して使われるのが普通である。

オバーグは,「カルチャー・ショック」を新たな文化環境へ接した当初の心理的反応のみならず,その前後をも含めたより包括的な概念として捉えている。後で述べる「U型曲線」モデルへとつながる考え方である。だが,この「ショック」という言葉には,一過性,一瞬のものでかつ苦痛を伴う衝撃という意味がある。ゆえに,オバーグが考える概念とずれが生じてしまう。ホームシックや鬱状態,新しい文化環境に対するネガティブな評価といった「カルチャー・ショック」という概念で語られる現象は,一過性の現象といえるものではない。また,人によっては,そうした経験が非常に苦痛を伴うものではないかもしれない。

　カリフォルニアには,日系アメリカ人1世および2世のための老人ホームや高齢者コミュニティがいくつかあるが,これらのホームやコミュニティはアメリカ文化になにがしかの違和感をもっている人たちの強い要望によって建てられた観が強い。年をとればとるほど,よけいに子どものころに慣れ親しんだ食べ物が欲しくなったり,母語で語り合いたくなったりすることがある。おそらく彼(女)らのいわゆる「カルチャー・ショック」は完全には消え去っていなかったのであろう。だが,彼(女)らのアメリカ生活での違和感が常に苦痛を伴うほどのものであったかというと,おそらくそうではなかっただろう。アメリカでの生活が楽しいときも多分にあったであろう。そういう折りは,違和感はそれほど強くなかったはずである。

　日本に強制あるいは半ば強制的につれてこられた在日韓国・朝鮮人1世の多くも,拭いきれない違和感を未だに抱いている。在日韓国・朝鮮人専用の老人ホームやデイケア・センターが建てられていることや,その必要性が叫ばれていることからも,このこ

とがうかがえる。「日本人」用の施設で普通に行われていること，たとえば日本の歌を歌うとか折り紙を折るといったレクリエーションにしても，彼（女）らにとってはなじみのないものなのである。

　このように，「カルチャー・ショック」という表現は適切ではない。完全には消え去ることのない違和感，一瞬のショックとは呼べないような現象を，「カルチャー・ショック」という言葉で片づけるのには問題がある。しかし，この表現が異文化コミュニケーション分野ですでに広く使われていることから，別の表現を使うとかえって混乱を来す可能性があることを鑑み，ここではカッコつきで使うこととする。

　さらに，「カルチャー・ショック」はさまざまな表現で具体的に説明されているが，そのほとんどがホスト文化への移住者がそこで機能できるかどうかという観点からの描写にとどまっている。たとえば，「カルチャー・ショック」を移住者の「感情的障害」(Taft [1977])，「人格的適応不全」(Lundstedt [1963])，「人格的不均衡」(Kim [1988])，「未成熟さ」(Gudykunst & Kim [1997]) に求める考え方は，移住者のホスト文化への適応/不適応を問題にしているだけで，移住者と新たな文化環境のダイナミックな関係はその視野にない。移住者の側に問題があるため「カルチャー・ショック」を経験せざるをえず，その時点ではホスト文化においては機能しえない，といったホスト側からの見下した視点がその根底にはある。だが，新たな文化環境へ入っていくということは，移住者のみならずその文化環境も影響を受けることを意味する。移住者はその文化環境の一翼を担い，かつその人格やアイデンティティは新たな文化環境によって形作られるのである。ゆえに，

一方の側からの視点のみで現象を捉えるのは不十分であるといえる。

「ホスト」と「寄生虫」

ところで,「カルチャー・ショック」および「文化適応」が語られる際に使われる「ホスト」という言葉にも注意を要する。「ホスト」とは,一般には相手を喜んで迎え入れる,あるいは主人役となる人のことを意味する。「文化適応」プロセスで使われる場合,新たな移住者,新来者を受け入れる側を「ホスト」と呼んでいる。ところが実際は,「ホスト」側が移住者を必ずしも喜んで迎え入れているとはかぎらない。無関心であったり迷惑がる場合もある。日本における外国人労働者に対する一般的な態度を見れば,「ホスト」国である日本が彼(女)らを喜んで迎え入れているとはとても思えない。

しかも,英語の"host"には客人をもてなす「主人」という意味だけでなく「寄生生物(parasite)」の寄生先という意味があり,「寄生生物」をさす"parasite"には,「居候」「厄介者」といった意味が含まれる。つまり,"host"という言葉はその対になる"parasite"を想起させ,〈移住者＝客人/居候〉(滞在が長くなれば「客人」は「居候」となる)は「厄介者」というイメージを与えるのである。逆の言い方をすると,移住者は「厄介者」であるという見方が根底にあったからこそ,移住者の受入れ先として"host"という表現があえて使われたともいえる。だが,移住者は実際のところ「厄介者」や「寄生虫」どころか,相手国に多大な利益をもたらす場合が少なくないし,その国にとってなくてはならない存在となっている例は数多い。たとえば,世界各地に移住していった華僑,アメリカ合衆国のメキシコ人,南米の日系人などは,地域経済に多大な貢献をしている。また,アメリカ大リーグで活躍し

ている日本人投手，Ｊリーグの外国人選手などは，その社会にとってなくてはならない存在となっている。したがって，ここでは「ホスト」という言葉は避ける方が賢明であろう。「**新たな文化環境**」という表現の方が，より正確である。

日本では，「ホスト」が使われている文献（たとえば，水上 [1996]）もあるが，そうでない文献（たとえば，星野 [1980]）も多い。日本語の「ホスト」という言葉が移住者の受入れ先をさすことが説明抜きでは理解されないためかもしれない。

いずれにせよ，人が今までにない経験をするということは，程度の差こそあれ何らかの違和感あるいは驚きを覚えることには違いない。そして，過去の経験，動機，新たな環境に身をおく長さなど，さまざまな要因が，違和感や驚きの程度の差を生み出している。「文化適応」は複雑な現象なのである。そこで，さまざまな要因，具体的な違和感や驚きの内容について明らかにしていくことが重要になる。

「U 型曲線」と「W 型曲線」モデル

「文化適応」のプロセスとしては，「**U 型曲線**」（Lysgaard [1955]）と「**W 型曲線**」（Gullahorn & Gullahorn [1963]）の 2 つのモデルがよく知られている。これらの 2 つのモデルは，時間の経過に伴って異文化への適応・不適応の程度がどのように変化するのかを段階的に説明している。

「U 型曲線」モデルの各段階をどのように分類するかは学者によって見解が分かれるが，ここでは先行のモデルと筆者らの考えを総合して 5 つの段階に分けることとする（図 8-1 の①〜⑤）。まず，第 1 段階が**準備段階**である（図 8-1 の①）。新たな旅立ちに向けて，期待に胸膨らませると同時に不安も覚える。第 2 段階が，

図 8-1　「W型曲線」モデル

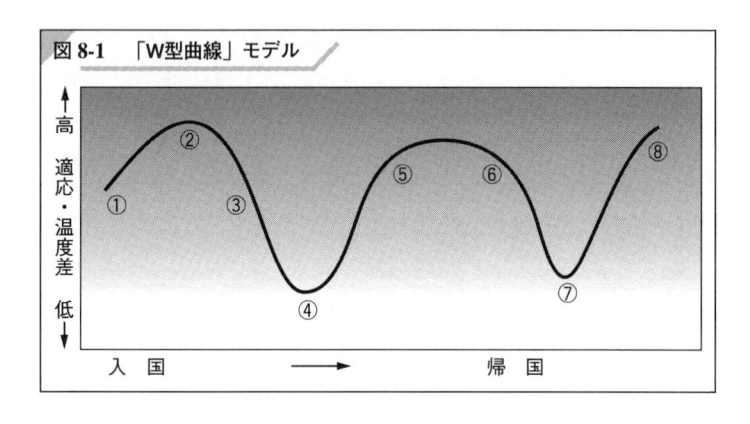

旅行者の時期（図8‐1の②）。新たな生活環境に入り，すべてが新鮮に感じられる。迎えてくれる人たちも親切で，これからの生活に期待を抱いている。こうした蜜月状態は，状況によって異なるが，数週間から1年ほど続くとされている。第3段階は，**参加者の時期**（図8‐1の③）。蜜月の時代が終わり，自分の慣れ親しんだやり方ではうまくいかない場面に遭遇し，焦燥感が募る。今まで自分を迎え入れてくれていた人（「ホスト」）から見放されたような気持ちになり，孤立感が強まる。当然，この時期には「ホスト」はもはや本来の「ホスト」ではない。第4段階が**ショック期**（図8‐1の④）。孤立感，不満，いらだちがもっともピークに達した状態。第5段階が**適応期**（図8‐1の⑤）。次第にショックから立ち直り，新しい環境に慣れていく。文化的相違を受け入れ始める時期である。

「U型曲線」の横軸である時間経過を自文化への再帰段階にまで延長したのが，「W型曲線」モデルである（図8‐1）。このモデルは，ある程度異文化に適応した後で帰国すると，自文化において同じような再適応のプロセスをたどるとし，そのプロセスを説

明している。つまり，第6段階の**帰国直前の期待と喜びで胸躍らせる時期**（図8-1の⑥），第7段階の**帰国後期待が打ち砕かれ落ち込むショック期**（図8-1の⑦），そして**再び適応**していく第8段階（図8-1の⑧）を含むものである。

「U型曲線」とその変形である「W型曲線」モデルは，適応の段階を簡潔に説明してくれる一方，その単純さゆえに欠点も指摘されている。星野は，これらのモデルは単一のパターンが提示されているだけで，そのバリエーションが具体的に示されていないこと，そしてこうした段階の位相を促す要因についてはほとんど触れられていないことを批判している（星野［1980］）。

ある期間を長いと感じるか短いと感じるかは人によって異なる。さらに，一般的に楽しいとき，忙しいときはあっという間に過ぎていくように感じ，あまり楽しくないとき，退屈なときは時間がゆっくり流れるように感じるものである。また，不快な経験であっても，その経験が長くは続かないことを知っている場合，つまり滞在期間がたとえば数ヵ月あるいは1年で終わると分かっている場合と，半永久的にその地にとどまらなければならない場合とでは，「ショック」の程度，「適応」の過程に差が生じるであろう。このような時間経験の主観的側面や期待度による経験の差など，両モデルはいっさい説明していない。

さらにこうした批判に加えて，両モデルは最終的には「カルチャー・ショック」は乗り越えられるもの，文化環境に適応するものと見なしているが，これも問題である。先に述べた日系アメリカ人や各国の移住者の中には，いつまでも違和感をもち続ける人や，「カルチャー・ショック」を完全には乗り越えられない人もいよう。こうしたケースは，単なる両モデルのバリエーションと

しては片づけられない。さらに、次の項で取り上げる「カルチャー・ショック」の症状には、「ショック期」に起こる一過性のものとはいえないものもある。

「カルチャー・ショック」の症状

「カルチャー・ショック」の症状としては次のようなものが上げられる。

①衛生面や健康面を過度に気にかける。

②無力である、見捨てられたと感じる。

③いらいらする。

④騙されているのではないか、略奪されるのではないか、傷つけられるのではないかとおびえる。

⑤ぼんやりと遠くを眺めるような目つきをする。

⑥常にそして強く自国および旧友を懐かしがる。

⑦頭痛や胃の痛み、吐き気といったストレスによる生理的諸症状が頻繁に起こる。

⑧抑鬱、離人感、不眠に悩まされる。

⑨慢性的不安、欲求不満、パラノイア状態になる。

⑩どうしたらいいのか方向性を失う。

⑪過度に自己防衛的な態度を取る。

こうした症状は、いわゆる「ショック期」に現れるとされるが、程度の差こそあれ、滞在中あるいは帰国後のどの段階でも現れる可能性はある。異文化に長年身をおく者の中には、自分は見捨てられたのではないだろうかと不安に思う者、どうしようもない脱力感や孤独感に時折り見舞われる者、あるいは忘れていたころに突然こうした気持ちにおそわれる者が少なくない。

> 「カルチャー・ショック」の要因：自己と世界の変化

「カルチャー・ショック」の要因として，多くの学者がさまざまな要因を上げているが（たとえば，星野 [1980]；Kelley & Meyers [1992]；近藤裕 [1981]；Weaver [1994]），ここでは筆者らが重要と考える次の3つを上げる。1つ目が**サインやシンボルの解釈が自分が慣れ親しんだものと異なること**，2つ目が**対人関係の崩壊**，そして最後が**自己崩壊の危険性**である。

これら3つの要因の検討に入る前に，自己について簡単に復習しておきたい。

解釈学者ガダマーは，今まで経験したことのないような状況やメッセージ（小説，絵画，他者との会話など）に，自己を開いた状態で触れることにより，人は変わっていくとしている（Gadamer [1975]）。教育がその顕著な例である。教育を受けるということは，その場で出会う教師，本，友人などを通じて新たな情報に身をさらし，みずからを変えていくことである。だが，新たな情報に身をさらすからといって，その情報に翻弄される，または「洗脳される」というわけではない。なぜなら，その新しい情報を解釈するのはその人自身であり，その情報を受け入れるか否かはその人の判断に委ねられているからである。つまり，人はいずれにせよ自分の視点，自己を構成する「地平」（第2章参照）から抜け出すことはできないのである。開かれた「地平」，開かれた自己は新たな経験を受け入れることができるが，それは今までの経験を消し去る，あるいはなかったものとしてなされるのではない。今までの経験があるからこそ，自分なりに消化できるのである。

周りの世界が常に変わっているように，自己も絶えず変化している。昨日の自分と今日の自分を比べてみても，おそらく何かし

ら変わった部分が発見できるはずである。だが，この変化は「成長」や「進化」では必ずしもない。実際，ガダマーは変化を「成長」や「進化」と同一視する考え方に異議を唱えている。何を「成長」「進化」と捉えるかは，どの視点をとるかによって変わってくる。

ところで，自己の視点から完全に自由になれないということは，新たな環境で出会うサインやシンボルの解釈が，その地で育った人と相容れないものとなる可能性があるということである。もちろん，いずれにせよまったく同じ解釈になることはないのだが，その違いがあまりにも大きければフラストレーションがたまる。たとえば，相手の微妙な顔の表情が読みとれない，あるいはまったく別の意味にとっていた，といったことが重なると，これらがさまざまな「カルチャー・ショック」の症状を引き起こす要因となりえる。

さらに，対人関係において相手のサインやシンボルが読みとれない，つまり相手の言っていることやジェスチャーが理解できない，あるいはそれらの微妙なニュアンスが分からないとなると，なかなか友人が作れない。対人関係におけるルールが分からない，潤滑油としてのジョークやユーモアが通じない，今までどおりには友人関係の構築がうまくいかないのである。そして，他者との関係性が結べない，コミュニケーションがうまく図れないとなると，人は不安になったり落ち込んだりする。人間は社会的動物である。ゆえに，対人関係の崩壊は社会的動物にとって最大の恐怖，苦悩である孤立へとつながるのである。

そして，こうした状態がさらに進む，あるいは突然激しく起こると，自己崩壊につながる恐れもある。移りゆく世界と対話しな

がら変化し続ける自己であるが，その変化の大きさや速さについていけなくなってしまうのである。とくに，状況の変化が自分の手に負えないほど急激なものであったり，自分の意に反して周りの状況が変わってしまった（たとえば難民キャンプに収容されたとか，難民，移民として他国への移住が避けられない状況）といった場合，自己崩壊の可能性が高まる。

「拒否」と「攻撃」

だが，人は何もせずにただ自己崩壊への道をたどるわけではない。自己防衛のために何らかの処置を講じる。その代表的な行動が，「**拒否** (flight)」と「**攻撃** (fight)」である。ストレスを生むほどの新たな状況に遭遇すると，人は普通「拒否」か「攻撃」のどちらかの行動に出るといわれる。

「拒否」とは，新たなものを受け入れるのを拒むことである。「拒否」を示す行動の中には，元の慣れ親しんだ場所へ引き上げてしまうとか，社会活動からいっさい身を引くことなどが含まれる。留学先，赴任先になじめず帰ってきてしまった，そこの国の言語を話すことや習慣，ルールを守るのがおっくうで人となるべく接触しない，あるいは言語能力や社会生活に必要なスキルを試されるような場（パーティやグループでの会食）を避ける，といった具体的な行動となって現れる。また，一時的な帰国はこうした拒否行動の変形と見なされよう。一時的に「故郷」へ帰ることにより疲れが癒され，新たな土地で再びやっていく活力が蓄えられるのである。

「故郷」へ帰ることがままならない人，または何らかの事情で拒否行動に出ない人は，「攻撃」行動に出る。新たな土地で出会うものすべてに対して批判的になったり，いらいらしたりするなどの

第8章　「カルチャー・ショック」

行動が,「攻撃」の中に含まれる。地元の人がよかれと思って忠告したことに対して耳をかさない,あるいは悪くとってしまう,といったことも起こる。逆に,地元の人に放っておかれると,ここの人たちは冷たい,自分の苦労を分かってくれないと批判したりする。とくに,新たな地で住居,交通手段,食料の確保,健康の維持といった生活に最低限必要なものの手配がうまくいかない場合,「攻撃」的な行動が現れる。

ただし,新たな地ですべてが初めからうまくいく方がまれであって,試行錯誤を繰り返しながら,人は次第にその地に慣れていくのが普通である。ゆえに,新たに出会うものに対して敵意をもっているからというより,一種の挑戦として「攻撃」行動が現れる場合もある。また,新たな地でうまく「適応」したとしても,時には新たな挑戦として,「攻撃」行動を行う場合もある。こうして見ると,「U型曲線」モデルが示す〈表面的適応→適応の危機→適応〉の直線的変化は,あまりにも単純すぎて実状に合わない。先に示した「拒否」行動の1つ,「故郷」へ引き上げてしまった場合は,〈適応〉段階はけっして訪れないことになる。

だが,両モデルが示すように,「攻撃」や「拒否」反応を示したのち,うまくその地に「適応」していく移住者が多数いることも事実である。次にこの「適応」の段階について具体的に検討してみたい。

「適応」とは

日常生活の基本的問題を解決し滞りなく生活していけるようになる,そして友人・知人関係も良好なものとなれば,新たな地での生活に一応「適応」したと見なせよう。すべてがうまくいかなかった「ショック段階」に比べて,何事もスムーズに事が運ぶように感じられる

> **Column㉒ 変な外人**
>
> 日本食が大好きで，日本人より日本の歴史や事象に詳しい外国からの旅行者あるいは移住者を，日本人は冗談交じりに「変な外人」と呼ぶ。一般的にこの表現は，日本通の外国人を排除する差別的表現と捉えている人が多いが，この表現の真意はもっとほかのところにあるのではないだろうか。相手の文化・言語を学ぼうとすればするほど，その人の世界は広がる。しかし，だからといってその人の世界が現地の人々と同じになるわけではない。現地の人々と同じように考えたり，話せたりすることはおそらくありえない。要は，日本人でもないが今までの自分とも違う，そうした新たな自分が生まれているのである。
>
> したがって，外国人が日本人らしく振る舞おうとすればするほどむしろおかしなことになる。外国人と日本人は違って当然，別な存在なのに日本人ぽく振る舞われると不自然さの方がかえって目立つ，これがこの言葉に込められる意味かもしれない。

のがこの時期である。新たな世界で「**前景**」として強調されていたあらゆるものが，「**後景**」へと沈んでいき，日常の中に埋没していく（シュッツ［1980］）。社会生活の細部に渡るまで自己監視しなければならなかった段階から，いちいち考えなくてもいい段階へと移ったとでもいえよう。日常生活を快適にそしてスムーズに送る術を身につけたのである。

だがこうした日常性の確立は，その地の人たちの生活をまねする，あるいは彼（女）らと同じような生活を送ることによってもたらされるものではない。たとえその土地で使われている言語が話せなくても，日常生活の常態化は起こりうる。お互いの存在に慣れる，そして移住者も地元の人たちもお互いがそれぞれのありのままの姿を受け入れる，そのような状態になったときに起こりうるのである。地元の人は当初は「郷に入れば郷に従え」とばかりに，自分たちと同じやり方をするよう期待していたかもしれな

> **Column㉓ 人生における転機と「カルチャー・ショック」**
>
> 「カルチャー・ショック」は，何も新しい土地へ移り住んだ折りのみに起こる現象ではない。J. ベネットは，「カルチャー・ショック」は人生における転機において経験する「ショック」と同じようなものであるとする (Bennett [1977])。自己は常に変遷している。だが，その大きな変わり目には今までとは異なった経験をする。たとえば，結婚や転職，子どもの誕生といった人生の節目には，何かを失いかつ新たなものをえる，つまり喪失感と達成感を同時に経験するのである。

い。しかし，そうならなくても，もはや気にならないし，むしろ同じようにすることを期待する方がおかしいと考えるようになる。同じようにされてはかえって違和感があるかもしれない。

移住者は訛があって当たり前だし，態度や生活のパターンが違って当然である。地元の人もそうした違いに慣れ，もはやその違いが当然のこととして習慣化し予測されうるまでになる，移住者も特別扱いされない状態に慣れる，そして周りの状況をそのまま受け入れる，これが「適応」状態であろう。

オバーグは「適応」の成功/不成功を測るもっとも重要な目安は，「心の平穏」が得られるかどうかであるといっている (Oberg [1960])。移住者にとっても，地元の人にとっても，お互いに慣れる，お互いのありのままの状態に満足するということは，ともに平穏な精神状態におかれているということであろう。そうした精神状態に達したとき，「適応」は成功したと呼べるのかもしれない。

「帰国ショック」

では，次にいわゆる「帰国ショック」と呼ばれている現象について見ていく。ある一定期間生活していた土地から元いた場所へと半永久的に帰っていく場合，新たな土地に移り住んだときと似たような「適応」

のプロセス，〈帰国への期待が高まる→帰国時の適応の危機→適応〉をたどるといわれている。たしかに，新たな経験を経て「故郷」に帰ってきたのであるから，たとえそれが「ショック」を伴うようなものではないにしろ，何らかの「再適応」のプロセスをたどることは避けられないであろう。出国前と帰国後とでは自分自身も変わっているだろうし，「故郷」そのものもまったく同じではないはずである。だが，一般的に帰国時の「ショック」の度合いは，その人がどの程度新たな地に慣れ親しんでいたかによって変わるといわれている。通常，慣れ親しんでいればいるほど，帰国して元の環境に慣れるのは難しい。

　ところで，新しい土地で到着時に経験した「ショック」と帰国時の経験の内容は，同じものであろうか。到着時は不慣れな土地で次々と新しい経験をするため，疲れ，さまざまな精神的・肉体的症状が現れるのが一般的であるが，帰国時においては物足りなさ，刺激のなさが原因で落ち込んでしまうことがよくある。新たな土地では，本人が感じていた以上に，毎日が新たな発見だったのかもしれない。そしてその刺激を毎日のように受けることに慣れてしまった人にとって，見慣れた人や土地，聞き慣れた言語は退屈にしか感じられない。

　また，懐かしい家族や友人に囲まれて，最初はうれしかったのに，次第に周りのみんなに昔と変わらない役割を期待され鬱陶しいと感じるようになるかもしれない。時が経ち，皆とは異なった経験をしてきたのに，それを周りが理解してくれない，そうなると，家族，友人との差をおのずと感じざるをえない。

　さらに，滞在先ではその恩恵を受けていた「外国人」という特別な地位が，故郷では失われてしまう。たとえば，貨幣価値の差

から「裕福な人」あるいは身につけているものの差から「社会的に地位の高い人」と見なされていた人が,「普通」の人に戻ってしまう, そのギャップをおもしろくないと感じる人もいるだろう。ただ単に「外国人」というだけでユニークな存在だったのが, 帰国してその他大勢の1人となってしまいそれがつまらない, と感じる人もいるだろう。

帰国者を待ち受けている問題の1つに,「**ディアスポラ的抑鬱**」という現象があることもさまざまな学者によって指摘されている。「ディアスポラ」という言葉は旧約聖書からきており, バビロン幽囚後離散, 放浪の憂き目にあったユダヤ人が約束の地を求めてさまようようすのことをさしている。容易にはたどり着けない, あるいは永遠にそうならないかもしれない約束の地を求めてさまようユダヤ人のように, 帰国者も夢にまで見た「故郷」には二度と戻れないかもしれない。加速度的スピードで変化しつつある今日において,「故郷」の姿が昔とすっかり変わってしまっていた, ということはままある。あるいは変わってしまっただけではなく, 失われてしまうことすらある。そして, 変わりはて消失してしまった「故郷」を前にして落ち込んでしまう, これが「ディアスポラ的抑鬱」と呼ばれる現象である。

「カルチャー・ショック」と文化融合

以上,「カルチャー・ショック」「文化適応」「帰国ショック」について見てきた。最後に, この本の主題である「文化融合」と「カルチャー・ショック」および「文化適応」の関係について述べたい。

人は今まで慣れ親しんできたものが当たり前で, 物事は期待どおりに起こって当然だと普通考える。そのため, 当たり前ではな

い，期待に反することが起こると，それを「非現実的」なものと捉える傾向がある。そして「非現実的」なものに遭遇した場合，何らかの「ショック」あるいは違和感を覚える。これが，いわゆる「カルチャー・ショック」である。「カルチャー・ショック」に悩む人は，自分が新たにおかれた環境がまったく見慣れないものだらけだと感じる。新たな場で，「オーナーシップ」や帰属意識がもてない。回りのものすべてが「ほか」としか感じられない。自分が描いていた「**スクリプト（台本）**」（第10章参照）どおりに物事が進まずにいらいらするのである。しかし，ひとたび「カルチャー・ショック」を乗り越える（完全に乗り越えるのではないかもしれないが）と，それまで気づかなかった新たな発見があるかもしれない。今までと違う自分を発見するかもしれない。

「融合」とは，このようにかつてない経験の中に身をおいた際に起こる。「新参者」という立場になって初めて，2つの言語，文化のルールを比較，対照することが可能になり，双方を自分なりに修正できるようになる。新たな出会いにより自己も変わるし，相手およびその環境，すべてのエコロジーが変わっていく。こうした変化はけっして楽しいものばかりではないかもしれない。「ショック」を伴う苦しいプロセスかもしれないのである。だが，こうしたプロセスをたどることにより，新たな気づきが生まれるのである。

ゼミナール

1 「カルチャー・ショック」の定義上の問題を整理してみよう。
2 「ホスト」という言葉が意味するものは何か。
3 自分たちの経験（たとえば，留学，転校，移転など）と照らし

合わせて,「U 型曲線」あるいは「W 型曲線」モデルが示している適応のプロセスを検討してみよう。

4 自己と世界の変化という観点から「カルチャー・ショック」の3つの要因を整理してみよう。

5 「拒否」と「攻撃」行動とはどういうものか,それぞれ例をあげて説明してみよう。

6 「適応」とはどのような状態をさすのか整理してみよう。

7 新たな文化環境へ入っていったときに経験する「ショック」と帰国時に経験する「ショック」を比較・整理してみよう。

8 「カルチャー・ショック」とはどのような現象なのだろう。

第9章　価値・規則と異文化接触

異文化衝突を引き起こすもの

　思わぬ失敗：ベトナムに住み始めて早1年。ベトナム語もかなり流暢に話せるようになったし，ベトナム人の友だちも増えてきた。アメリカ人大学院生ショーンは，ベトナムでの生活およびフィールドワークを楽しんでいた。ある日，親しい友人が働くレストランに食事に行ったところ，そのレストランを経営する叔母さんを紹介された。そのとき彼は，友人の叔母さんが彼より若干年上であることを考慮し，それに相応しい呼び名で呼んだ。ベトナム語では，自分と相手との年齢や身分，性別などの違いにより，敬称を使い分ける必要があることは，彼も十分承知していた。そのため，その叔母さんをそう呼ぶことには何のためらいもなかった。ところが，彼はあとで友人にひどく怒られてしまった。彼とその友人の親しさからして，その叔母さんを彼も「叔母さん」と親しみを込めて呼ぶべきだったというのである。

　ベトナムでは，誰をどのように呼ぶのか親が子どもに機会あるごとに教えるという。そうした社会化の過程で，自然と敬称の使い分けを覚えていくのである。だが，よそから来た者にはなかなかやっかいな規則である。この例のように知らないうちにその規則を破ってしまい，不快な思いや社会的制裁を受けるといったことになりかねない。

> **価値と規則**

　商取引のために日本にやって来たアメリカ人が，取引相手の日本人と名刺の交換をしている。受け取った名刺をちらっと見て背広の内ポケットに無造作にしまったアメリカ人とは対照的に，日本人は名刺を丁重に受け取る。あたかもその名刺が相手自身であるかのように扱う。そして，そこに書かれてある情報，相手の社会的および会社での地位からどのように接すればよいかのヒントをえようとする。この何気ない名刺交換のシーンから，お互いの価値観の違い，たとえば丁寧さ，商取引において何をより重要と考えるかなどが見えてくる。そして，それが対人コミュニケーションの際の規則（rule）の違いとなって現れている。日本人は相手の地位・立場を考慮し，礼を失しないように心がける。相手の役職に応じた呼びかけをすること（たとえば〇〇さんと呼ぶのではなく〇〇部長と呼ぶなど）が一般的であるし，社内での地位が高ければ高いほど丁寧な対応が期待されよう。一方，アメリカ人は相手がどういう地位・立場にいようとも，それによって態度を変えることはないし，かえってそれは失礼にあたると考える。それよりも大切なのは，相手がどういう考え方をしているのか，どのようなことを言うのか，取引上の決定権を握っているか否かといった実質上の問題である。

　こうした違いが単なる違いですめばいいのだが，往々にして両者の気持ちのすれ違い，しこりとなって，うまくいくはずの商取引も残念な結果になってしまう場合もないとはいえない。企業内での地位・権力を過小評価されたと考える日本人は，相手のアメリカ人を快く思わないかもしれない。取引上の決定権を交渉相手が握っているのかどうかがはっきりつかめず，アメリカ人はいら

だつかもしれない。価値，規則の違いは，こうした軋轢を生んでしまう。

基本的な価値観や信念の違いは，対人関係における規則に大きな影響を及ぼし，衝突やその処理の仕方といった具体的な違いとなって現れる（ハイダー [1978]；Cushman & King [1989]；Ting-Tommey [1985]）。また，価値観や信念の違いは，第8章で考察した「カルチャー・ショック」が起こる原因と大きくかかわっている。この章では，こうした異文化衝突や「カルチャー・ショック」の引き金となりかねない価値の相違，そして価値や信念が具体的な形となって現れている規則の違いについて検討する。

信念と価値

ここで信念と価値の関係について簡単に復習しておきたい（第1章参照）。**信念**とは，人が真実であると見なしていることである。信念，つまり自明の事実として信じていることは，それが正しいか間違っているかといった判断の俎上に載せる対象にすらならない場合が多い。地球は平らであると信じている人にとっては，それは自明の理であって善いことでも悪いことでもない，それがその人にとっての真なのである。一方，**価値**には，こうあらねばならぬといった道義上の問題が絡んでくる。地球は平らであると信じている人に対して愚かなことよとあざ笑うことがあっても，そう信じていることが特別悪いことだとは思わないだろう。ところが，カニバリズムに対してはどうだろう。人が人の肉を食することに対しては，間違っているあるいは邪悪な行為であるという強い反発を覚えるのではないだろうか。このように，価値観に関しては反発や嫌悪感あるいは逆に同調や好意をもつといった感情的な反応がつきまとう。

さらに**価値**は，現実はこうあらねばならぬ，こうありたいといった人の欲望と密接に関係している。必ずしもそうした望みが実現可能なものだとは信じていないかもしれないが，できればそうであって欲しいと思う，たとえば，自分が支持する候補者が選挙で当選する見込みはゼロだと残念ながら認めているが，にもかかわらずその候補者に当選して欲しいと願う，そしてそう願うことに価値を見出す。このように，価値観とは人間の欲望と深くかかわっており，必ずしも信念にもとづいているとはかぎらない。

　要は，価値とは人の欲望と密接なつながりをもつ感情的な現象だということである。好き嫌い，尊敬あるいは軽蔑といった感情を呼び起こす。だからこそ異文化接触における価値観の違いは，深刻な感情的もつれへと発展しやすい。単に信じているものの違いではすまされない。違いが感情的な軋轢を生み，落ち込んだり怒りっぽくなったり，さらには敵対したりといった「カルチャー・ショック」の症状を引き起こしかねないのである。

価値と評価

　人あるいはグループの有する価値によって，それらの人が何を重要あるいはそうでないと判断するかが方向づけられる。つまり，価値と物事の評価とは密接に結びついているのである。たとえば，時間に正確なことをよしとする価値観の人が，そうでない人と接触すれば，相手をおそらく信頼のおけない人，だめな人と判断するだろう。逆に，時間に几帳面な人に会えば別な評価を下すだろう。また，文明は火によってもたらされた，ゆえに生の肉や魚を食すことは野蛮な行為だと見なす文化に生まれ育った人は，生の魚を食べる日本人のことを何と野蛮な習慣をもつ人々よと思うかもしれない。あるいは，このような野蛮な習慣をもつ日本人に対して嫌悪感さ

え抱くかもしれない。このように価値観は、ポジティブあるいはネガティブな評価を下すという感情的な現象となって具体的に現れるのである。

ロキーチは価値観は**原子価**（valence）と**強さ**（intensity）の2つの側面において違いが生じるとする（Rokeach [1968]）。原子価とはその価値がポジティブなものかあるいはネガティブなものかを問題にするもので、強さはその強弱・重要度を問題とする。たとえば、中国や韓国または日本といったアジアの国においては、儒教の教えにもとづき目上の者を敬うとか親孝行であることに対しては、一般にポジティブな評価が下されるが、その価値への重きのおき方、重要度は地域や世代によって異なる。現在では、日本よりも中国や韓国の方がその価値に重きをおく傾向が強いといわれている。また、概して都会よりも地方、若い世代よりも古い世代の方がそうした価値を重要だと見なす傾向がある。

われわれは、幼児期における初期の社会化の過程で、ある特定の価値を身につけていく。とくに家庭で、一所懸命働くとはどういうことか、物を盗むことは悪いことであるとか、あるいは競争、公平、フェアプレイの意味、美、善、徳についてなど、さまざまな価値観を教えられていく。そして、その価値にもとづいて見るもの聞くもの、または他者の行動に評価を下す。だが、その評価は評価の対象に遭遇する前から下されている場合が多い。成長する過程で自然に身につけた価値、自己を形成する地平の一部である価値にもとづいて、すでに判断はなされているのである。

そうした判断が如実に現れるのが見知らぬ状況に遭遇した場合である。初めての人、場所、考え方に触れたとき、人は即座に判断を下さざるをえない。さもなくば新しい状況下では対処できな

いし，生き延びられないかもしれない。そして即時判断が求められた際，そこには各人の価値観が強く反映されるのである。それが繰り返されることによって，それらの評価が日常性をもつ，つまりその評価が「自然」であると思い始める。みずからの価値観にもとづいて下した判断，意味づけであるにもかかわらず，あたかも判断を下した対象物がそうした性質をもともともつものだと思い込んでしまうのである。そうなると，別な見方や捉え方があることに気づいたり，その判断を変えるのはたやすいことではなくなる。こうした傾向があるからこそ，たとえば，人種差別的態度を変えるのは容易ではないのである。ある特定の人種を愚かで怠惰な奴らだと思い込んでいる人が，友人にそうではない，そう思っている君が間違っているのだと指摘されたとしても，そう簡単には意見を変えないだろう。逆にその友人をあんな奴らを擁護するなんて何て変わり者だと思ってしまうかもしれない。固定化した考えが変わるためには「カルチャー・ショック」のような地平を揺るがす経験が必要だろう。

| 信念・価値志向 |

さまざまな文化によって何を善しとし何を悪とするか，つまり何に価値をおくかは異なる。そして，多くの場合そうした価値は何を信じるかによって決まってくる。文化人類学者 F. クラックホーンと F. ストロットベックはこうした文化の違いを分析し，さまざまな信念にもとづいた**価値志向**を整理・分類している（Kluckhohn & Strodtbeck [1961]）。クラックホーンとストロットベックは，信念という言葉は使っていないが，彼らが言うところの「価値志向」は正確には信念にあたるものである。その信念にもとづいて，何が善くて何がそうでないかを判断するのである。いずれにせよ，クラッ

表9-1　信念・価値志向とそのバリエーション

志　向	バリエーション		
人間性志向	性　悪	性善性悪混合	性　善
人間‐自然志向	自然への服従	自然との調和	自然の征服
時間志向	過　去	現　在	未　来
活動志向	静　態	発展過程の静態	動　態
関係志向	直線的	水平的	個人的

クホーンとストロットベックの理論は，文化による信念・価値観の違いを見ていくうえで1つの指針となりうる。

　クラックホーンとストロットベックは，すべての文化は次の3つの課題に立ち向かわなければならないとしている。つまり，①すべての文化において，人は人間共通の問題への解決策を見出さなければならないこと，②これらの問題への解決策はある程度限られていること，そして③ある特定の文化において，その文化に属するすべてのメンバーがその解決策を採るとはかぎらないものの，より好まれる解決策があることである。

　まず第1の課題に関して，クラックホーンとストロットベックは，すべての文化が解決しなければならない5つの共通の問題を上げている。それらは，①人間の生来の性質，②人間と自然との関係，③人の時間に対する意味づけ，④人の活動/存在に対する意味づけ，そして⑤人間同士の関係である。

　第2の課題に対する結論としてクラックホーンとストロットベックは，解決策は無数にあるわけではなくかぎられた範囲内にとどまるが，それをまとめると表9‐1のようになるとする。たとえ

ば，人間性に関する問いには，人間を生来善と見なすのか，悪と見なすのか，あるいはその両方と見なすのかの3つの解答が与えられている。

さらに，ある特定の文化圏内においては，より好まれる問題への解決策があるが，しかしそれがすべてではない（第3の課題に関して）。たとえば，欧米諸国の多くは，人は善であり自然は征服できるものと考え，そして「未来」および「なすこと」を志向し，人間関係においては個を重んじる文化だといわれているが，すべての欧米人がこうした見方を信じているわけではないし，またそれに価値を見出しているわけでもない。あくまでも大まかな傾向であって，そうでない傾向の人もいるのである。

E. スチュワートとM. ベネットは，クラックホーンとストロットベックの志向分類にもとづいて，アメリカ人（いわゆる中流クラスをここではさしている）とそれ以外のグループの価値観・行動パターンを比べている（Stewart & Bennett [1991]；スチュワート [1982]）。たとえば，活動形態に関してはアメリカ人は「**動態**」を志向するという。「物事をやりとげること」はいいことだという暗黙の前提に対して，疑問を抱く人があまりいないのである。そのため，初対面の人に対して「仕事は何をしているのか」とか，日常の挨拶で「週末何をしたのか」とたずねるのはごく一般的なことである。ところが，「**静態**」を志向する文化は，すべての出来事はあらかじめ決められていて，それを変えることはできないと見なす。典型的な「静態」志向の文化としては，アメリカのアフリカ系やインドのヒンズー教社会が上げられよう。「**発展過程の静態**」を志向する文化では，人は成長し変わっていく者と見なされる。「発展過程の静態」を志向するネイティブ・アメリカンやラテ

ン・アメリカの人々は,世界を変えるためにはその人自身が変わらなければならないと考える傾向にあるという。

「動態」志向の文化とそれ以外の文化とでは,成功に対する考え方にも違いが見られる。前者では目に見える成果が求められるのに対して,後者では成果よりもそれをめざす過程が大事だとされる。だからこそ,そこでは瞑想的な生活を送る僧侶や思想家が重んじられるのである。また,前者では仕事と遊びが明確に区別される傾向にあるのに対して,後者では明確な区別がなされないことが多い。「動態」志向のアメリカ人マネージャーが,ブラジル人の同僚が仕事中にあまりにも無駄話が多くて困るといった不満をもらすのも,こうした違いによるものであろう。

人間関係の形態に関しては,お互いの関係を平等と見るのかあるいは上下関係と見るのかが問われている。つまり,社会におけるヒエラルキーに重きをおくのかどうか,その度合いに着目しているのであり,G. H. ホフステッドが唱える「**権力格差** (power distance)」と関連がある(ホフステッド [1984, 1995])。権力格差とは,権力の不平等な分配をより力のない者が当然のものとして受け止める,その度合いを問題にしている。したがって,権力格差の大きい文化では,身分や性別による違いによって明確な上下関係が決められており,それを人々が当然のこととして受け入れている。権力格差の小さい文化では,力の差が問題となるのはそれが理にかなったと判断される場合,たとえば公平な競争原理の下においてであって,一般的には平等の原理が重視されるのである。また,権力格差の違いは,コミュニケーションの形態にも反映する。権力格差の大きい文化では,日本の敬語やベトナム語の敬称(冒頭の例参照)のように,お互いの上下関係を明確にするための

コミュニケーション・ルールが定められていることが多い。一方，権力格差の小さい文化では，誰にでもファースト・ネームを用いるアメリカの習慣に見られるような形式張らないコミュニケーション・スタイルが好まれる。

> **罪への自責心と恥**

ところで，ここで「罪への自責心」と「恥」という2つの価値観の違いについて見てみたい。この2つの異なった価値観は，それぞれ**個人主義**と**集団主義**とに密接に結びついている。個人主義/集団主義は，善し悪しの判断基準となる価値観というより，そうした判断を越えたところに存在する信念である。先にも述べたように，こうした信念が価値観に影響を与えることは確かである。たとえば，集団主義的文化で育った人は，個人主義的文化で育った人に「自己中心的」で鼻持ちならないといった評価をする場合がある。個人主義という信念から生み出された「独立心に富む」という価値に対し，自己中心的というネガティブな評価が下されたのである。

「罪への自責心」と「恥」に話を戻そう。個人主義的文化では，独立心や革新的であることに価値を見出す。そして，失敗や責任の所在を個人に帰す，つまり個人的罪の意識が強調される。一方，集団主義的な文化では足並みをそろえることや，譲歩，協調性といったことに価値を見出す傾向があり，失敗やその責任も個人のみならずその所属グループ全体へと跳ね返ってくる。つまり，グループ全体が恥じ入ることになるのである。

日本を含めたアジアの多くの国では，賄賂を受け取ったり横領したことが発覚した人物は，家族・友人そして世間に対して恥ずかしい，顔向けができないといった態度や気持ちは表明するのに，発覚以前にその罪への自責心にさいなまれ，いたたまれなくなっ

たといったコメントはあまりしない。罪そのものを悔いるというより，罪を犯したことを恥じる気持ちが強いのであろう。逆に，欧米では家族や友人に対し恥じ入るというより，罪の意識にさいなまれ，自責の念に思い悩むケースが目立つといわれている。犯した罪に対して責められるのは，罪を犯したその個人である。だが，アジア諸国の多くでは，1人が犯した罪でも家族あるいは親戚一同が犯罪者の烙印を押されてしまう傾向が強い。

また，規範を守る動機としても，欧米では罪の意識が作用するのに対して，アジア諸国では恥の意識が強く作用するといわれている。規則を破ることは自分の信念・価値観に反する，ひとたび規則を破ってしまえば犯した罪に苦しむのは自分である，だから規則は守るべきだと欧米人は考える傾向にある。ところがアジア諸国では，規則を破れば，周りの者に迷惑をかけるあるいは恥ずかしい思いをさせる，そうした気持ちが規則を遵守させる動機となっているといわれている。

法と規則

では，次に信念・価値観が具体的な形として現れている規則について見ていこう。規則とは何かを明らかにするために，まず**法**（law）と**規則**（rule）の違いについて述べたい。

法とは，あらゆる個別のケースに適用されうる普遍的な原則である。たとえば，天体の法則や人間の体の機能に関する法則のように普遍性をもつものである。自然科学で問題にするのはこうした普遍的法則である。一方，社会科学つまり主として人間の性質や行動に関する研究においても，普遍的な法則があるはずであり，それを見つけるのが学問の目的であると広く信じられてきた。だが，20世紀半ば，比較文明・文化における研究が進むにつれ，普

遍的法則を問題にするアプローチは次第にそれまでの勢いを失っていく。むしろ，多くの学者が文化の多様性に焦点を当てるアプローチに興味を示すようになってきたのである（メルロ゠ポンティ [1969-70]）。さらに，あらゆる文化を説明しうる普遍的特質を見つけ出そうとするのは，科学者の文化的偏見を押しつけるものではないかとの批判も出てきた。批判の具体的な内容は以下に説明する。

普遍的法則を追求するアプローチに従えば，ある物や者が有する特質・アイデンティティは生得的特質によるものとなる。そして，そうした特質にもとづいて人間は行動することになる。人間のこうした行動パターンをアルミニウムにたとえて説明すると次のようになる。アルミニウムには，それがあらゆる条件下におかれさまざまな特質を発揮する以前から存在する元来の性質が備わっている。研究者は，アルミニウムがさまざまな温度や湿度，圧力などの条件下でどのように反応するのか，こうした本来の性質がどのように変化するのかを研究する。ここで前提となっているのは，物質はあくまでも周りの環境に反応しているのであって，みずから能動的にその環境を変えたりすることはない，ゆえに物質の反応は常に一定であり予測可能であるという考え方である。もし，ある物質がアルミニウムとは異なった反応を示せば，その物質はアルミニウムの変形したものというより，まったく異なった物質と見なされる。

こうした論理を受け継いでいるのが人間の行動パターンの普遍性を追求する「行動科学」である。「**行動科学**」における基本的な考え方を突き詰めると，人間特有のある一定の反応（これらが何であるかは研究者グループによって規定されている）を示さないグルー

プがいたとすると,そのグループは人間とは見なされないことになる。こうした考え方が如実に現れているのが,18世紀のヨーロッパの学者による人種に関する規定である。そこには,有色人種は白人よりも知能が劣り人間(白人)以下であると書かれている(Kramer & Johnson [1997])。それがのちの「行動科学」の考え方に受け継がれている。普遍的法則を前提とする考え方が陥りやすい間違い,偏見がここに示されているといえよう。

人間の行動は予測がつかないほど変化に富み,環境をも積極的に変えていく。歴史的変化,地域的多様性を見れば明らかである。普遍的法則を前提とする「行動科学」では人間や文化・社会の分析には限界があり,それらの多様性は説明できない。

一方,人間の多様性を解き明かそうとする学者の多くは,規則という面からアプローチする。規則とは,他者と会ったら挨拶をするといった行動パターンの習慣的決まりである。そして,規則は法に比べてはるかに安定性がない。法が人の手では変えられないその普遍性に特徴があったのに比べて,規則は状況が変われば,時代や地域が変われば変化するという性質をもつ。だからこそ規則が規則として成り立つためには,社会での合意(必ずしも意識的ではないかもしれない)と遵守を促す社会的力(道徳的圧力とか法令)が必要となるのである。

なお,ここで使っている「法」という用語には,憲法あるいは法令といった意味の法は含まれないことを断っておく。憲法あるいは法令も人が定めたものであり,時空を越えた普遍的なものではない。ゆえにここでいう「法」ではなく,「規則」にあたる。

ところで,社会的合意や力が弱まった場合は,規則は変わる可能性がある。だからこそ規則にもとづくアプローチを採る理論は,

Column㉔ 普遍性と文化的多様性

普遍性より変化を問題にする学者（文化人類学者 C. ギアーツなど）は，普遍性の存在を否定しているわけではない（ギアーツ［1987］）。たとえば，人は大きな脳をもち直立歩行で道具を使うといった普遍的特徴があり，それは否定しがたい事実である。だが，そうした普遍性より多様性の方が意味深いと考えているのである。物理的には類似していたり総体的には一般化されうる特徴が存在することは確かだろうが，それと同時に文化的多様性や多種多様な行動パターンがあることもまた確かである。実際，グループ間の違いは価値観や信念，習慣の違いとなって現れている。そうした違いが，文化の多様性を生み出しているのである。そして，異文化コミュニケーションはこうした文化の多様性を前提としている。

グループによる行動パターンの違いやそのパターンがどのように変わっていくかを問題にするのである。異文化コミュニケーションの分野では，とくに異文化接触，文化融合によって変化する行動パターンが問題とされる。

規範と慣習

規則はその社会的強制力の程度によって異なり，重要度にも差がある。社会的強制力の強い規則は重要なものと見なされる。または重要と見なされているからこそ，社会的強制力が強いともいえる。社会科学の分野では，こうした規則はその施行の状態あるいは規則が破られた際の反応の程度によって，「**規範** (norm)」と「**慣習** (mores)」の2つに分けて考えられている。

まず「規範」であるが，これは「慣習」よりも犯した場合の制裁が緩やかなものである。言い方を変えれば，「慣習」よりも緩やかな感情的反応を引き起こすもの，道徳的な判断まで及ばないものである。「規範」には，社会的規範と法的規範の2種類がある。前者は，たとえばゴミは決められた日の朝出すとか，近所の人に

会ったら挨拶をするといった決まりで，それを破ったからといって法的に裁かれることはない。だが，共同体から閉め出されたり，無礼者あるいは悪者といった烙印を押されるなど，社会的な制裁が加えられる。一方，後者は交通法規や条例といった法律によって定められている規則である。そうした規則を破れば罰金が科せられたり，拘留あるいは収監されたりという法的制裁が待っているが，社会的規範を破った場合ほど強く周りの感情を逆なでしない。たとえば，深夜の高速道路でスピード違反で捕まり罰金を払わされたからといって，周りから強く非難されることはないだろう。

　もちろん，法的規範を破ったことが同時に社会的規範を破ったことになる場合もある。たとえば，スピードを出して周りの人に迷惑をかけることは法を破ると同時に，社会的に許されないことになる。夜中に大きな音を出すのも，東京都の迷惑条例などの違反を犯すと同時に近所迷惑になるだろう。

　ひとたび破られると感情的反応を引き起こしがちな社会的規範は，新参者にとってはやっかいなものとなる。たとえば，アメリカの街角でつばを吐くことは法的にはとがめられないが，周囲の人からは非難の目で見られる。身体的行為は，法令違反より往々にして強い拒否反応を招くことがある。ことによると，無作法者と周りからうとんじられ社会的孤立を強いられるかもしれない。そして，非難が規範を破った個人にとどまらず，人種的・民族的偏見に満ちた反応（たとえば，「どこにでもつばを吐く日本人はとんでもない奴だ！」）を引き出すかもしれない。異文化接触でとりわけ問題となるのが，社会的規範が破られたときなのである。

　だが，社会的規範を遵守することがその文化・社会での立場や

地位を確保することになる一方，それを破ることが新たな活力を生み出す原動力にもなる。新しいファッションや流行，斬新な芸術様式，こうしたものはまさに既存のルールを破ったからこそ生まれたのである。同じように，異文化接触による規範破りも初めは抵抗が強いかもしれないが，新たな規範として受け入れられる可能性も高い。着古したジーンズをはく若者ファッションが世界中で受け入れられているのも，規範が破られそれが目新しいもの，かっこいいものと受け止められたからにほかならない。

次に「慣習」であるが，これは人の倫理観に抵触するほどの強い感情的反応を引き起こしがちな規則である。たとえば，子どもを虐待するとか，犬や猫といったペットを食べてしまうといった行為は，日本を含めた多くの先進国では不道徳な行為として激しく非難されるであろう。また，日本でも多くの人の関心を集めたクリントン大統領の不倫疑惑事件から，アメリカには不義密通はけっして許されない不道徳な行為であると思っている人が多数いることが分かる。だからこそ，引責問題にまで発展しかねない問題となったのである。

ところが，こうしたひとたび犯してしまえば重大な制裁が待ち受けている「慣習」も，文化・社会が変われば「慣習」とは見なされない場合もある。子どもの虐待にしても，その否定の程度，度合いには差があり，どういった行為を虐待と見なすかも文化によって異なる。同じ行為でも虐待ではなく，子のしつけと捉える人たちもいるだろう。ペットを食することを悪いと思わない，あるいはペットといった概念がない文化もある。

ある日帰宅すると，ベトナム人の妻が平然とペットのウサギをさばいて夕飯のごちそうとして出したのに驚いた報道カメラマン

近藤紘一のエピソードなど，まさにこうした慣習の違いを表している（近藤 [1978]）。クリントン大統領の不倫疑惑事件にしても，フランスを初めもっぱらヨーロッパの多くの国ではなぜアメリカ人があれほど大騒ぎをするのか分からないといった評があった。このように，同じ行為でも文化が変わればそれが「慣習」と見なされたりそうでなかったりするからこそ，異文化接触の場合，さまざまな軋轢を生み出しやすいのである。ひとたび破られれば道徳・倫理に触れるほど強い感情的反応を引き起こしかねない「慣習」であるからこそ，問題は大きくなりやすいのである。

慣習を破れば，法的制裁と同時に道徳的評価を含む社会的制裁を受ける。たとえば，殺人を犯せば重罪が待ち受けているだろうし，世間からも強い非難・排斥を受ける。ただし，ここで注意しておきたいのは，「慣習」は，人々に深く根ざす価値観にもとづいていることから，往々にして自然の法則，普遍的法則と混同されやすいということである。人を殺すという行為自体は，人を生け贄とする習慣をもつ文化においては悪い行為とは見なされない。戦争で人を殺しても責められるどころか，英雄と祭り上げられることすらある。人を殺してはいけないといった一見普遍的な法則に見えるようなものも，時代や地域，状況が変われば異なった意味をもつ。このように，慣習はその持続性と浸透性ゆえにすべての文化において普遍性をもつものと思われがちだが，そうではないのである。だからこそ，異文化接触において慣習が破られれば，重大な結果を引き起こす可能性が高いのである。

異なった価値観・規則

日常生活の基本的な側面にかかわっているのが価値観である。われわれの日常生活は，その集団の価値観が反映されている規則によって一定のパ

ターンで営まれている。そのパターンが破られると動揺が起こり，価値観の相違が明らかになる。異文化接触によってこうした違いが明らかになるのである。そしてときには，こんな悲劇も生まれる。

アメリカ人女性ジュリアは，マレーシアからの留学生サリームと恋に落ち結婚することとなった。ところが常に家族や親戚のことを優先させるサリームに対し，ジュリアは次第にいらだちを覚え始めた。結婚するのは2人である。まず第一に2人がどうしたいかが大切だと考えるジュリアは，次第にサリームと衝突するようになる。そして，サリームから両親をアメリカに呼んで一緒に暮らすことを突然告げられたジュリアは，それなら結婚はできないと彼に言い渡した。異なった価値観，つまり家族に対する義務観や結婚に対する考え方の違いが，結局2人の結婚を阻むことになってしまった。

価値観，そしてその価値観の具体的な表現である規則は，集団によって異なる。そして，こうした違いがまさにさまざまな文化を創り出しているのである。文化と文化の出会いは，異なった信念，価値観，動機，規則などのぶつかり合いであるといえる。

ゼミナール

1 価値と信念の違いとは何か。また，異文化摩擦に発展しやすいのはどちらの違いによるものか。そして，それはなぜか。

2 人がある特定の価値観にもとづいて，即座に評価を下すことは避けられないことだが，そのために異なった価値観をもつ人との対立が生まれる場合もある。人との対立の場面を振り返って，その原因を分析してみよう。分析の結果，自分がもつ価値観にあ

らためて気づかされるかもしれない。

3 信念・価値志向とそのヴァリエーション（表9-1）を具体的な例をあげながら検討してみよう。

4 日本における成功の意味とは。また，この意味は変わりつつあるのだろうか。

5 人間の行動を説明する場合，法にもとづくアプローチと規則にもとづくアプローチではどのような違いがあるのだろうか。

6 規範と慣習が破られた場合，どちらがより感情的な結果を招きそうだと思うか。

7 規範および慣習の違いから起こった，あるいは起こりうる軋轢の例をあげてみよう。

第10章 コミュニケーション能力と相互理解

脈絡の理解が鍵

　面接における成功の秘訣?!：相手に不快感を与えない服装・髪型・メークで，明るくはっきりと受け答えすること。個性的な自分をアピールすると同時に，協調性，柔軟性があることを示すこと。セクハラまがいの質問をされても，軽く受け流すこと……。

　こうしたマニュアルにそって面接をクリアした梨乃は，念願の大手広告代理店から内定をもらった。面接官に気に入ってもらえ，内定を勝ちとるという目的をはたしたわけで，梨乃のコミュニケーション能力は高く評価されるべきだろうが，はたして梨乃と面接官の間には相互理解が生まれたのであろうか。恋人の有無を聞かれて，不快感を顔に出さないように努めた梨乃にとって，面接が終わったあとの面接官は嫌なおやじ以外の何者でもなかったかもしれない。目的を果たすことと相互理解とは必ずしも一致しない。では，コミュニケーション能力があるとは，お互いに理解し合えるとはどういうことなのだろうか。

コミュニケーション能力とは

第9章では，価値観，規則について検討を加え，異文化接触においてそれらの違いが重要な結果をもたらす可能性を示唆した。さまざまな価値観や規則を知ることは，異文化理解への大切な一歩である。だが，単にそうした知識をもつこととそれを使いこなせることとは同じではない。

多くの日本人が英語の文法などの知識はあるのに，実際には使いこなせないのは，いわゆる「言語能力」はあるのに「言語運用能力」がないためである。知識はあっても使いこなせなければあまり意味がない。真の言語能力とは運用能力も含めたものでなければならない。コミュニケーション能力に関しても同様なことがいえる。たとえば，コミュニケーションのルールを知っていたからといって，それを適切な場で使えるとはかぎらない。また，ルールに従って目的を達成したからといって，相手の理解がえられたとはかぎらない。適切な場で使いこなすことができ，相手と分かり合える，これがコミュニケーション能力があるということにほかならないのではないだろうか。

第10章では，こうしたコミュニケーション能力と相互理解の問題を考えていく。従来の道具的・目的追求型コミュニケーション能力の定義の欠点を指摘すると同時に，コミュニケーション能力，相互理解をさまざまな角度から検討していきたい。

2つのアプローチ

コミュニケーション研究においては，主に2つの異なったアプローチが採られている。1つは**実用性を目的としたアプローチ**で，コミュニケーションを目的達成のための手段と考え，その効率性をいかに高めるかを研究主題としている。コミュニケーションは「改善できる」も

のであり，効率良く効果的なコミュニケーションを身につければ，自分の意図したことを相手に伝えられ，そうなれば自分に利益として還元されるといった考え方がその根底にある。近年，日本でも話し方や説得術を教える教室や本がはやっている。また，企業が収益性を上げるために，コンサルタントを雇って組織内のコミュニケーション改善に取り組むといった現象も起こっている。コミュニケーションを目的達成の道具として捉える考え方が反映しているといえよう。

　一方，**解釈学的アプローチ**を採るコミュニケーション研究においては，コミュニケーション現象そのものを記述し理解しようとする。コミュニケーションとはどうあるべきか，コミュニケーションを通じて何ができるかといったことよりも，コミュニケーション現象のありのままの姿を解き明かそうとするものである。そして，絶え間なくかつ無制限に新しい意味が次々と生まれるプロセスであるコミュニケーションを，人間生活の本質的なものと考え，それを見ていこうとするのである。

　人と人との会話は相手に何かをしてもらいたい，させようと思ってなされる場合より，単に会話を楽しむためあるいは何となく会話をしているといった場合の方が多い。何らかの目的があって始めた会話でも横道にそれたり，会話が弾んできて当初の目的などどうでもよくなったりすることもある。効率よく目的達成をめざす実用的アプローチは前者のような会話を対象とするものであり，前者も含めた会話全体を記述しその中でどういった意味が生まれているのか，そのプロセスを解明しようとするのが解釈学的アプローチである。前者のアプローチはコミュニケーション現象でも比較的狭い範囲しか扱っていない。だが，現在のコミュニケ

ーション能力に関する研究の主流は，前者のアプローチを採るものが圧倒的に多い。

> **目的追求型コミュニケーション能力**

コミュニケーション能力に関する研究でもっとも包括的な理論を提示したとされるB. スピッツバーグとW. クーパッチは，コミュニケーション能力を**動機**，**知識**，そして**技術**の3つの側面から考えることが必要だとしている（「構成要素モデル（component model）」, Spitzberg & Cupach [1984]）。動機，そしてその場にふさわしい知識と技術をもっているかどうかが，コミュニケーション能力の程度に関係してくるとするのである。何らかの目的をもつことが行動の動機づけとなる。そして，その行動を起こす計画を練るためには，その場に適切な行動とは何かを教えてくれる知識が必要となる。だが，動機と知識だけでは実際に的確な行動が採れるとはかぎらない。そこで，実際に行動を起こすための技術が必要となってくるのである。

D. J. キャナリーとM. J. コーディーは，コミュニケーション能力に関する文献を整理したうえで，コミュニケーション能力を評価する際の具体的な6つの基準を上げている。それらは，適応性（adaptability），会話への参加（conversational involvement），会話の管理（conversational management），共感（empathy），効果（effectiveness），そして適切性（appropriateness）である。適応性とは必要に応じて行動および目的を変えられる能力のことを指している。会話への参加は，その会話の内容を理解しかつ言葉およびうなずきといった非言語でそれを表現する能力を意味する。会話の管理は，会話における自分の役割を理解しそれを遂行する能力のことである。そして，相手の立場を心から理解しているかど

うか (共感)，目的達成の程度 (効果)，その場にふさわしい態度がとれるかどうか (適切性) がコミュニケーション能力の評価の基準となる (Canary & Cody [1994])。

ところで，こうしたコミュニケーション能力の見方は，いくつかの問題を抱えている。まず，目的をもちそれが達成されたか否かが重要な要素として上げられているが，先にも触れたようにふだんの会話でその会話の目的を設定し，それに向かって会話を進めるといった場面はそれほど多くはない。何となく会話を交わし，お互いに何となく満たされた気分になり話を終える，あるいは疲れたから，あきたから話をやめるといった場合が日常生活では多い。明確な目的をもたないこうした会話の参加者は，コミュニケーション能力が低いことになるのだろうか。またふだんの会話の中で，気の利いたジョークなどを織り交ぜて人を楽しませてくれる人がいるが，こうした人たちがいつも確固たる目的の追求のために話をしているとは思えない。だがこうした人は，一般的には人とのコミュニケーションに長けた人と評価される場合が多いのではないだろうか。

会話は生きている。予測のつかない，**相乗効果**（各話者の思惑以上のものが融合によって作り出される）を生み出すプロセスである。だからこそわれわれはそこにおもしろさを覚えるのであり，会話をするのである。すべてが予測でき単に情報を交換するだけのものならば，会話はつまらないものとなってしまう。

一方，適切性も目的追求・達成と関連して語られている。スピッツバーグとクーパッチは，コミュニケーション能力とはその場にふさわしい対応によってコミュニケーターが目的をはたしうる程度のことであるとしている (Spitzberg & Cupach [1984])。

効率性の重視に関する点も問題がある。たしかに，効率よく目的を達成することは，たとえば面接やビジネスにおける交渉の場面などでは重要である。とくに，忙しい現代社会においてはそうした能力をもつことは大切なことと見なされる。だが，ふだんの人間関係の中ではどうだろう。いつも簡潔に要点だけを伝える人が必ずしも好まれる，あるいはすぐれた人と見なされるわけではない。かえって味気ない人，素っ気ない人として，疎んじられたりすることもある。また，物語を語り聞かせたりすることによって，大事なことを伝えるという習慣の文化では，効率のよい話し方はかえってマイナスと捉えられるかもしれない。見方，視点によってコミュニケーション能力が高いか低いかの判断は変わってくるのである。このように，コミュニケーション能力の程度を目的追求・達成および効率性を基準として考えるのは，あまりにも狭い見方であるといえる。

　さらに，効率よく目的を達成できるコミュニケーションがよりよいとする考え方は，そうでないコミュニケーション・スタイルを無能あるいは不適当であると見なしがちである。そして，アメリカをはじめとした西欧で目的達成型コミュニケーションに，より価値を見出しているといった現実があるため，非目的達成型コミュニケーションが主流の国は遅れた国で，改善されなければならないと見なされる傾向にもある。目的達成こそが幸福をもたらすとする考え方は，非常に西欧的で偏った考え方である（ホール[1983]）。ここに，一種の**文化帝国主義**的傾向を見ることができる。この点に関しては，詳細は次の章に譲る。

　ただし，目的達成型コミュニケーションに価値を見出す西欧型の考え方が，西欧人をも不安へと駆り立てていることをつけ加え

Column㉕ 予測可能対不可能なコミュニケーション

　コミュニケーション能力の程度を効率性の高低で評価する見方は，曖昧で予測不可能なコミュニケーションは効率が悪い，したがってできるだけ避けるべきであるという前提に立っている。さらに，こうした前提は，世界は予測および解釈可能でなければ，人は生き延びていけないといった世界観にもとづいている (Lustig & Koester [1996])。**不確実性減少理論** もこのような世界観およびコミュニケーションに対する考え方を前提としている。この理論は，人は初めての出会いにおいては，不確実要素を減らそうとすると説く。そして，それは不安の軽減および予測可能性の増加につながり，ひいてはコミュニケーション能力を高めることになるとする (Berger & Calabrese [1975])。

　たしかに面接や初めてのデート，よその文化から来た人との出会いの場面などを考えてみると，われわれはお互いにいろいろな情報を交換することによって相手のことを知り，その場にふさわしい応対をしようと心がける場合が多い。だが，お互いのことを何も知らないからこそ興味を持続させることができたり，逆にあまりにも相手のことが分かりすぎて話をするのもおっくうになるという場合もあり，不確実性減少理論だけでは説明がつかない現象も多い。

　何も予測できるものはないとする世界観にもとづけば，物事を秩序立てて進めることが不可能になるし，すべてが予測可能とする世界観に立つと，何もかもがあらかじめ分かってしまうわけで，面白みのない世界しか生まれない。ある程度予測可能でかつその予測が往々にして裏切られるからこそ人生は面白いのである。異文化接触の面白さもおそらくそこにあるのだろう。

ておきたい。効率よく目的を達成することができない人々，手際よく問題を解決できない人々は，西欧社会において「遅鈍な人」「だめな人」というレッテルを貼られる。学校でそうしたレッテルを貼られた子どもの親は，わが子の行く末を案じる。西欧社会は，いわゆるじっくり型の人には生きにくい社会なのである。だが，物理学者のアインシュタインやフェルミ，画家のゴッホ，作家のゲーテなどはどちらかというとじっくり型だったといわれている。

目的達成や問題解決の速さより，思考の質や複雑さを見ていく必要があることを彼らは教えてくれているのかもしれない。

コミュニケーション能力の評価

目的追求型コミュニケーション能力においては，その程度が往々にして **命令・要求への服従**（compliance gaining）の有無といった行動面で評価される場合が多い。命令・要求が「正しく」伝えられた結果として，相手がそれに従ってくれれば，概してコミュニケーション能力が高いと評価される。だが，相手の反応は，命令・要求の正確さだけで決まるものではない。人は事情や思惑によっては命令・要求に従わなかったりする。命令・要求の内容は理解したが，その場ですぐに行動に移さなかったのかもしれないし，その指示の正当性がないと判断したのかもしれない。あるいは，ふざけてそれに従わなかったのかもしれない。命令・要求に対する行動の有無のみで，コミュニケーション能力の程度を測るのは短絡的すぎる。

さらにまた，往々にして表面に現れる行動を数量化することによって，コミュニケーション能力の程度を測ろうとする試みが行われているが，これではコミュニケーション能力のほんの一部分しか見えてこない。能力とは量の問題ではなく質の問題である。たとえば，スピッツバーグとクーパッチが作成したコミュニケーション能力判定のアンケートの一部（図10-1）にそれぞれ答えてみれば，こうしたアンケートで得られた数字では，コミュニケーション能力の程度のごく一端しか分からないことが納得できるはずである。

人と交わる，コミュニケーションを行うとは，さまざまな意味が生まれるプロセスである。会話自体が新たな意味を生成してい

図 10-1　対人コミュニケーション能力判定のための質問表

他者との一般的な会話の場面を想定したうえで，次のそれぞれの項目に当てはまると思われる番号（5＝同意，4＝ほぼ同意，3＝どちらともいえない，2＝あまり同意できない，1＝まったく同意できない）を記入しなさい。

1. 他者の期待に沿えるようなコミュニケーションを行いたいと思っている。（　）
2. 他者の期待に応えられるだけの十分な知識と経験をもっている。（　）
3. 他者に合わせるために，自己をオープンにしたり機転を利かせたりと臨機応変な対応ができる。（　）
4. 他者との会話に積極的に参加したいと思っている。（　）
5. 社会状況に通じておりかつ他者の行為に対して敏感なので，他者への応対の仕方をわきまえている。（　）
6. 言語および非言語の両方において，会話に積極的に参加していることが相手に分かってもらえるはずである。（　）
7. 他者との会話をスムーズに進めたいと思っている。（　）
8. 他者との会話において，どのように話題を変えればよいのか，また基本的な会話の進め方を知っている。（　）
9. 自分がもっていきたい方向へと会話を進めるのは，たやすいことである。（　）
10. 他者の見解や感情を理解したいと思う。（　）
11. 他者を真に理解するということは，その人の立場に立つということと，その人の感じていることを感じ取れるという両方を意味すると思う。（　）
12. 他者の考えや感情を反映することによって，他者への理解を示すことができる。（　）
13. 自分に設定した会話の目的を達成するよう努めている。（　）
14. 一度対人関係における目標を設定すると，どうすればそれを達成できるかそのステップを知っている。（　）
15. 対人関係における自分の目標を達成することができる。（　）
16. 適切な方法で他者とのコミュニケーションを図りたいと思っている。（　）
17. 社会的な行為を規制している規則を知っている。（　）
18. その場にふさわしい行動をとることができる。（　）

計算方法：動機を評価するときは 1, 4, 7, 10, 13 の合計点，知識を評価するときは 2, 5, 8, 11, 14, 17 の合計点，技術を評定するときは 3, 6, 9, 12, 15, 18 の合計点，適応評価は 1, 2, 3 の合計点，参加している度合は 4, 5, 6 の合計点，会話を操る能力は 7, 8, 9 の合計点，感情移入の度合は 10, 11, 12 の合計点，効力の度合は 13, 14, 15 の合計点，適切さの度合は 16, 17, 18 の合計点を出す。包括的な自己評価はすべての項目の合計点を出す（算出可能な範囲＝90‐18点）。

評価：点数が高い方が能力が高いとみなされる。

（出典）Canary & Cody［1994］, p. 386.

く。ゆえに，会話はその会話への参加者自身にも管理しきれるものではない。コミュニケーション能力の程度，つまりお互いに理解し合えるかどうかは，こうした会話自体の創造性を鑑みると，単純に数値化できるものではない，複雑な現象であるといえる。

意図の不確定性

メッセージの発信者が意図した意味が相手に伝わったかどうかがコミュニケーション能力評価の主要な基準となる従来の見方は，メッセージには何らかの意図したもの，「正しい」意味があることが前提となっている。しかし，メッセージの発信者にすら明確な意図が分かっていない場合もあるし，まして受信者が「正しく」メッセージを受け取ったかどうかは分かりようがない。

たとえば，不特定多数が見ているテレビでは，そこで放映される発言がどのように受け取られるかは予測できない。歌手や役者が口にした何気ない一言が思わぬ反響を呼ぶといったこともある。メッセージの発信者は明確な意図をもっていなかったのに，それが受け手によって何らかの意味を付加されたのである。

そして，たとえ明確な意図をもって発したメッセージであっても，思惑どおり相手に解釈されたかどうかは分からないし，分かりえない。分かったと思ったとしても，それはおおよそのところでそう判断したにすぎない。これが唯一正しい意味である，正しい理解の仕方であるとするメッセージはそれほど多くはない。むしろ捉え方次第でさまざまな意味が汲み取れるメッセージの方が圧倒的に多い。本来，曖昧さを排除したメッセージであるべきマニュアルなどでも，往々にして分かりにくいと批判される。このことからも分かるように，むしろ唯一の解釈しかありえないメッセージの方が少ないといえる。

日常の経験から感じられるように、物事はなかなか論理的には進まない。人間は論理的動物というより、ニーチェやカッシーラがいうように、シンボルを作り出す、意味を次々と生み出す動物なのである。同じシンボルでも、時代や場所によって解釈は変わってくる。P. リクールは、メッセージの発信者は作品を生み出すと同時に死んでしまったも同様で、作者や話者、画家、映画制作者などにあたかも彼らが作品の意味を知っているかのように、その意味をたずねるのは適当でない、とさえいっている（リクール[1978]）。文学作品を見れば、リクールの言葉もうなずける。詩や小説の作者はすでに死んでいるか、いずれ死んでしまう。だが、彼（女）らの作品は時代を超えて読み継がれていく。あるいは、時を経て忘れ去られていく。いずれにせよ、その作品は作者が想像し意図した以上に、またはまったく異なった意味を生み出していく。作品が作者の手を離れて1人歩きしていくのである。

　メッセージのもつ不確定性（もちろん数学における言語のように唯一の意味しかありえないものもあるが）という性質からしても、コミュニケーション能力の程度を、メッセージの発信者の意図が受け手の行動に反映されているか否かを見て判断するのは、危険である。

　さらに、時としてその道の権威と称する者があたかも作品の「正しい意味」を分かったかのように述べることがある。作品を理解する能力があることと、そうした権威をもつこととは同じではない。また、上に述べたように作品の「正しい」理解があるわけでもない。J.-F. リオタールや M. フーコーが言ったように、権威者の声とは往々にして自薦のものであったり、生まれ（家柄など）や育ち（正当なアカデミック・サークルに属していることなど）とい

った不合理な基準によるものである場合が多い（リオタール［1986］；フーコー［1981］）。ゆえに，コミュニケーション能力の程度を測る基準自体に何らかの権力が作用していないかどうかを検討する必要もありそうである。

コミュニケーション能力と運用

コミュニケーション能力を考える上で重要なテーマの1つに，能力と運用の問題がある。一方は，言語学者チョムスキーの言語観にもとづく，人間が内蔵する知識であるところのコミュニケーション能力と実際の運用行動とは分けて考えるべきであるとするものである。それは，とくに内在する知識としてのコミュニケーション能力を重視すべきだとする見方である（Kim［1991］）。他方，内在する知識としてのコミュニケーション能力はそれほど問題とはならない，実際のインターアクションの際に少なくとも本人および相手の双方がコミュニケーション能力があると認めるか否かが問題なのだとする見方がある（グディカンスト［1993］）。つまり，コミュニケーションの運用面が重要であるとする考え方である。

だが，実際には能力と運用を分けて考えるのはあまり意味がない。たとえば，車の運転を考えてみよう。初心者のころはエンジンをかけ，ギアを入れ，そして左右を確認し，それからスタートするといったように，1つひとつ動作を確認しながら運転しなければならなかった。だが，慣れてくると考えなくても身体が動くようになる。さらに，教習所では教えてもらわなかった自分流のよりよい運転術を編み出してしまう人もいる。基本的なルールを知ることは運転する上で欠かすことはできないが，それを使いこなせなくては何にもならない。そして使いこなせてこそ，新たな

運転術というルール破りあるいはルールの変更が可能となるのである。結局, 真の意味で車の運転能力があるということは, ルールを知るだけではなく, それが身についているということである。

異文化コミュニケーションにおいても同様のことがいえる。文化内でのコミュニケーション・ルールに自然と従うことができる, たとえばタイミングよく相手の話にうなずける, それがタイミングを見はからってなされているのではなく自然と身体が動いている, これがコミュニケーション能力があることにつながる。自分の歩き方を気にしているときは, 歩き方がぎこちなくなる。相手と話しているときも, 話し方を気にしているとスムーズに言葉が出ない。メルロ゠ポンティがいうように, 言語を話すあるいはコミュニケーションを行うということは身体そのものが示す, 表現しているということである（メルロ゠ポンティ［1982］）。頭で理解し, それが身体に伝えられるのではない。真の意味で分かる, 身につけるとは, 自然に身体が動くことなのである。

マインドフル　異文化コミュニケーションにおいて, 効果的なコミュニケーションを行うためには, **マインドフル**, つまり自分の何気ない行動1つひとつに気を配ることが必要だとされている（Gudykunst & Kim［1992］）。たしかに異なった規範に身をおくと, 失敗しないためには自分の行動を監視しなければならない。**スクリプト**（各状況で振る舞うべきとされている台本のようなもので, 挨拶や贈り物の交換などのようにさして意識せずとも行える行為が「書かれている」こと）をいちいち点検しながらインターアクションを行わなければならなくなる。何気ない行為であるはずのものが, 努力を要するものとなるのである。

Column ㉖ **極度に行動を意識させられる5つの状況**

C. バーガーと R. カラブリースは，人が自分の行動を強く意識するようになる状況を5つ上げている（Berger & Calabrese [1975]）。

① 今まで遭遇したことのないような場面に直面し，適当なスクリプトをもたないとき。たとえば，外国へ行って見たことも聞いたこともないような場におかれると，何を行うにも注意深くせざるをえなくなる。

② 外部要因によってスクリプトの完結が阻まれるとき。たとえば，贈り物を差し出して口上を述べようとしたのに，突然電話の呼び出し音で相手が奥に引っ込んでしまう。すると，どうやって贈り物を渡すという儀式を完結しようか考えざるをえなくなる。

③ スクリプトにもとづいた行為が努力を要するものとなったとき。たとえば，アメリカでレンタカーを借り運転したが，左側通行なので勝手が違うという場合。各運転動作に気を配らなければならなくなる。

④ 予想された結果と異なった場合。いつものように挨拶をしたのに，返事が返ってこなかったときなど。

⑤ 複数のスクリプトがせめぎ合っている場合。嘘をつくのは苦しいが，正直に話すとしかられる。どちらを選択するか迷っている場合など。

異文化接触においては上記のような場面に出くわしやすい。日常の行為をあらためて点検する絶好の機会であると同時に，みずからの行動を監視しなければならない機会，マインドフルであることを求められる機会が多くなり，疲労もたまりやすい。

相手に理解してもらうためには，相手の社会規範に合わせることはある程度必要であろう。しかし，相手に合わせるために自分の行動を常に監視するのは疲れる。常に努力を強いられるマインドフルな状態が続くと「カルチャー・ショック」の症状を引き起こす場合もある。マインドフルであることは大切であるが，自分らしく振る舞う，失敗を楽しむといった態度も同時に必要であろう。規範を破ってしまったことが，かえって新鮮に映り新たな活力を生み出すこともあるし（第9章参照），意識しすぎるとぎこちなくなってしまう場合もある。

Column㉗ 帰属理論

　思ったように事が運ばない場合，人はその理由や原因を探し出そうとする。**帰属理論**によると，人は，他人の行動に対しては内的な要因にその原因を求めるが，自分の行動に対しては外的な要因にその原因を求める傾向があるという。たとえば，予測されたスクリプトの完結が他者が原因で阻まれた場合，その原因を他者の性格や性質に求めがちである。一方，みずからが原因の場合は，たまたまそうなった，運が悪かったというように状況のせいにする傾向がある。また，自分と他者が同じような経験をしたとしても，その経験の原因を異なった要因に求めがちである。たとえば，アメリカ人留学生のA君が数学で悪い点数をとったとする。それを見ていた日本人のB君は，やっぱりアメリカ人は数学が苦手なのかと，A君の失敗をアメリカ人の性向と見なしてしまう。ところが同じ点数だった自分に対しては，たまたまそのとき調子が悪かったからだと説明する。つまり，状況という外的な要因に原因を求めたのである。こうした評価は，自分でも気づかないうちに行われる場合が多い。そして，この例からも分かるように，理由や原因の求め方に**自民族優越主義**が反映されている場合が少なくない。

コミュニケーション能力の高さとは

　では，コミュニケーション能力が高いとはどういうことなのだろうか。先の運用のところでも触れたが，車の運転が身についたということは意識しなくとも身体が自然に的確に反応することである。すぐれた芸術家は，自分の意図したことを自由自在に表現できる。ピアノやバイオリンあるいはキャンバスや粘土といった，メディア・媒体は見えなくなってしまう。それらが問題とならなくなるのである。

　第二言語の習得にしても，文法構造や語の選択を考えながら話したり書いたりしているうちは，言語というメディアがそこにあることを意識せざるをえない。だが，その言語をマスターしたとき，その言語が自分の思いどおりなったときには，手段としての

言語は目の前から消えてしまう。いわば**マインドフルな状態から****マインドレスな状態**になったとでもいえよう。

　言葉を「もてあそぶ」作家やコメディアンは，逆にその手段としての言語を大いに利用する。わざとコミュニケーションのルールを変えたり作り出したりして，表現力に磨きをかける。だが，ルール破りや新たなルール作りをむやみにやったのではその効果は望めない。状況や脈絡を心得たうえでなされなければ，うまくいかない。つまり，適切なやり方，その場に合ったやり方でルールを破り新たなルールを作ることができる人が，もっとも高いコミュニケーション能力を備えた人といえる。

相手の理解とは

　人は発せられた言葉がそのとおりではなく別のことを意味する場合でも，それを認識できる。「早かったね」という言葉の意味が，遅刻したことを非難している場合でも，即座にそうした意味であることを察することができる。また，多少文法的におかしな言いまわしや，完結していない文でもその意図するところは分かる。大工の棟梁が弟子に向かって「材木」と言えば，弟子は何をすればいいのか即座に了解する。周りの状況や脈絡から，意味を汲み取ることができるからである。コンピュータのような人工的な言語の使い手には，こうした芸当はできない。

　このように，お互いを理解するうえで状況・脈絡の把握は重要な鍵となる。言葉がおぼつかなくても，状況・脈絡をつかむのがうまい人は，すぐれたコミュニケーターとなりえる。単語を並べただけで意思の疎通ができる人がいるのもそのためである。ルール違反をしていても，ジャズ演奏者が即興で奏でる音楽のように，その場にふさわしい話や話し方をすることができるのである。

Column㉘ ピジン

　ピジンとは混合語のことで，既存の2つあるいはそれ以上の言語が混ざり合い，変形して作り出された新たな変種合成言語のことをさす。ピジンはお互いに共通の言語をもたない場合，コミュニケーション手段として作り出される。たとえば，ドイツなどのヨーロッパの国々では，季節労働者が地元の言語を基にしてさまざまなピジンを発達させてきた。ピジンを正しい言語が乱れたもの，格下の言語と考える見方がある一方，ピジンは有効なコミュニケーション体系であり，その言語使用環境においてはもっとも適切なものであるとする考え方もある。第2章のコラム⑤で取り上げたアメリカ人と日本人カップルの話し方も一種のピジンととらえることができる。このカップルがおかれた環境においては，おそらくこれが最適なコミュニケーションのやり方なのだろう。

　ニーチェやカッシーラ，デリダらが示唆しているように，コミュニケーションは「ゲーム」ではなく，「**遊び**」である。ゲームにおいては勝者と敗者が生まれる。だが，「遊び」であるコミュニケーションでは，勝者も敗者もいない。お互いに完全に分かり合えるか否かではないのである。むしろ，完全に分かり合えることなどないだろう。完全に分かり合えたと思ったとしても，次の瞬間，あるいはさらに時が経つと，分かっていなかったことに気づくかもしれない。つまり，せいぜい相手の言っていることが分かったつもりになるだけである。そして，経験を積んでいけばいくほど，分かっていたと思っていたのが単なる自分の思い込み，自己満足だったのだと気づいていく，そういったものかもしれない。要は，他者と分かり合おうとすることは，自分の発見にほかならないのである。

　さらに，「ゲーム」はルールに従って取り行われるが，「遊び」であるコミュニケーションにおいてはルール自体が作り変えられたりもする。若者言葉が生まれては消えるとか，言語のピジン化

などはコミュニケーション・ルールの変更可能性を示している。

「遊び」であるコミュニケーションにおいては，時として自分でも予期しない方向に会話が進んでしまうことがある。みずから制御できないほど言葉が流れ出してしまうのである。コメディアンが波に乗るともう止まらなくなる，そして観客も笑いを止められなくなる，そうした状況が起こるのである。

人と人との交わりには必ずといっていいほど不確定要素がついてまわる。だからこそ，コミュニケーションは面白いのである。そして，より不確定要素が多い異文化コミュニケーションは，なおさら面白いといえる。もちろん，ルールを知らない，使いこなせないために問題も多いのは事実であるが，それを補ってもあまりある魅力があるからこそ，太古の昔から人々は異文化へあこがれ続けたのである。

ゼミナール

1 コミュニケーション研究における2つの主要なアプローチとは，どういうものなのか，またその2つの相違点を整理してみよう。

2 相互理解のプロセスを見ていくうえで，実用性を目的としたアプローチがもつ限界を考えてみよう。

3 会話とは何か。

4 意図の不確定性とはどういう意味か。また，それがコミュニケーション能力の測定とどのように関係しているのか。

5 コミュニケーション能力が高いということは，またお互いに理解し合えるということは，どういうことなのか，整理してみよう。

6 コミュニケーションとは「ゲーム」ではなく「遊び」であるとはどういうことなのか。コミュニケーションの具体的な現象をと

りあげ，その「遊び」の要素とは何なのか考えてみよう。

第IV部

マス・メディア、グローバリズム、アイデンティティ

★第11章と第12章からなる第IV部では，グローバルな視点でいま一度さまざまな現象を捉え直していく。とくに，マス・メディアと異文化コミュニケーションの問題に焦点を当てる。

★第11章「縮みゆく世界」では，マス・メディアの発達による世界の画一化および二分化について考察する。技術の発達により，たしかに世界は「狭く」なったが，同時に世界各地で同じ情報を受けとることが可能になり，文化差がなくなりつつある。グローバリズムの結果，人々はより豊かな〈西欧＝都市型〉の生活を求めるようになる。その結果，世界の画一化が進むことになる。だが一方では，そうした世界の潮流にみずから参加できない人々もいる。彼（女）らは情報へのアクセスすらできないのである。ここに画一化と同時に二分化の構図が見えてくる。

★マス・メディア，とくにテレビの発達は，それまで明確に区分していたもの，たとえば大人と子ども，神聖なものとそうでないもの，権威あるものとそうでないものといった境を曖昧にした。すべての情報が老若男女を問わず共有されるようになり，またかつては権威者たりえた人々の一挙一動まで伝えられるようになり，その権威は失墜した。すべての区分が曖昧になる，差異がなくなるということは，意味の喪失・アイデンティティの喪失につながる。さらに，地球規模で広がっている〈西欧＝都市型〉のライフスタイルは，アイデンティティの画一化を推し進める。アイデンティティとは差異から生まれる。となると，アイデンティティの画一化は，その喪失にほかならない。最終章である第12章「グローバル化とアイデンティティ」は，こうしたグローバル化の負の部分を明らかにしていく。そして最後に，グローバル化への抵抗の可能性として，違いを楽しむ態度の重要性を提示する。そうした態度こそが，まさに文化融合というダイナミックな創造的プロセスを生み出すのである。

第11章 縮みゆく世界

世界を画一し二分するグローバル化

日本万国博覧会会場（1970年3月，大阪・千里，共同通信社提供）

大阪万博：1970年，大阪で日本万国博覧会が開かれた。先進国の仲間入りを果たそうと，各国が競い合って出品してきた万博のピークが大阪の万博だったといわれている。183日間の開催期間中，約6420万人もの人が訪れている。だがいまやその万博も，昔の勢いはない。ドイツのハノーバーで開かれた20世紀最後の万博は，予定入場者数を大幅に下回っている。国の威信を賭けて参加する意義も薄れつつある。先進国の栄華の象徴であった万博の時代はもはや終わりを告げようとしているのである。万博衰退の原因の1つは，万博会場のような巨大なスペースを使わなくとも，今ではサイバースペース上で十分技術力を誇示できるようになったからだといわれている。しかしもしそうであれば，万博は衰退しても，科学技術力をもつ国ともたない国の格差はいっこうに縮まらないことになる。科学技術の発達は，世界の繁栄を約束してくれたかに見えたが，実は世界の2分化を押し進めたに過ぎない。

メディアの発達と文化の多様性の危機

　テレビでは連日，各電話会社が自社の国際電話割引率の高さをアピールするコマーシャルが流されている。実際，国際電話はかける地域によっては携帯電話の料金より安く設定されている。国際航空路線の割引合戦もさかんである。国内路線よりも割安感がある。また，電子メールを使えば，ごくわずかなコストで地域を越えていろいろな人とメッセージのやりとりができる。メディアの発達は，手軽にそして廉価に世界中の人々とのコミュニケーションを可能にしてくれた。

　マクルーハンは，通信技術，交通網といったメディアの発達によってコミュニケーションが促進され地球全体があたかも1つの巨大ネットワークとなる，そのような状態を「地球村」と表現した（マクルーハン [1987]）。だが，地球は本当にメディアによって1つの「村」になったのであろうか。こうしたメディアの発達によってもたらされたものは，実は文化の画一化と人々の階層化にほかならなかったのではなかろうか。

　メディアの発達の陰には，G7と資本家，つまり巨大パワーの野望が潜んでいる。彼らは世界が巨大なマーケットとして機能することを望む。先進国型の大量生産・消費を可能とする地球規模のネットワーク建設をめざしているのである。そのために，各国に法改正および認可に関する法律文書の整備をも含む通信基盤の充実を図るよう強く働きかけるのだが，その際，相手国独自のオペレーション・システムの代わりに，先進国型のシステムを導入するよう圧力をかける。地球全体を1つに結びつけようとするこうした努力は，一見輝かしい未来を約束してくれるように映るが，そこには経済至上主義の蔓延，そしてその結果として引き起こさ

れる，もてる人々ともたざる人々との二分化，および文化の多様性の喪失という罠が隠されている。第11章では，このような「縮みゆく世界」の真の姿に迫ってみたい。

> 地球村？

まず，「メディアの予言者」とまで評され，知名度およびその影響力の大きさという点で他の追随を許さないマクルーハンが提唱した概念「**地球村**」の検証を行う。マクルーハンは，人の思考や行動様式，ひいては社会や世界のありようにまで影響を与えるとするメディアの発達の歴史を次の4段階に分けた。**口誦文化**（oral culture），**書字文化**（manuscript culture），**活字文化**（typographic culture），そして**電気文化**（electric culture）である。そして，各文化における人の感覚器官の機能は，そのメディアに大きく左右されるとする。口誦文化においてはとくに聴覚を中心とした全身感覚，書字文化および活字文化においては視覚が優勢であり，そして現在進行中の電気文化では再び全身感覚がよみがえったとする。つまり，メディアと感覚器官の関係からいうと，われわれはテレビという新しいメディアによって，口誦文化へと戻されつつあるというのである。マクルーハンは，口誦文化は部族社会の文化であるとし，全身感覚が呼び戻される電気文化においては人々は再び部族的になっていくとする。地球が1つの〈部族＝村共同体〉になるというのである（マクルーハン [1987]；マクルーハン＆クエンティン [1972]）。

たしかに人々はテレビ，もっと正確には衛星通信により瞬時に地球規模で情報を共有できるようになった。だが，その情報の共有が村落共同体の特徴である緊密な人間関係をもたらしたといえるであろうか。情報は偏っている。アフリカや中東諸国の様子は，

何か特別な事件でもないかぎりわれわれに知らされることはない。一方，アメリカ合衆国やヨーロッパ主要国の出来事は頻繁に知らされる。だが，そうしたニュースが知らされたからといって視聴者が積極的にその地域の人々とかかわっていこうとすることは滅多にない。むしろ，テレビ・コマーシャルの合間に流される悲惨なニュース，たとえばコソボ紛争や東ティモール情勢など，視聴者には現実からかけ離れた世界と映る可能性が大きい。

　さらに，テレビが流す内容によってたとえ人々の全身感覚が呼び覚まされたとしても，その呼び覚まされた感覚は差し挟まれるコマーシャルによってすぐに冷まされる。コマーシャルを中心に分・秒刻みで編集されるテレビは，逆に人々の感覚を分断する効果を生み出すのである。コマーシャルによる分断の少ないNHKでさえ，大災害のニュースのあとに各地の季節の便りを伝えるといったような，情報の分断化は免れない。人は時間をかけて1つのことをやりとげることによって，その対象物と情緒的なつながりが生まれるといわれているが，テレビは寸断が不可避なため，情緒的なつながりを視聴者に植えつけにくいという性質をもつ。涙を流さんばかりに引き込まれていたテレビ・ドラマでも，コマーシャルによる中断は容赦なくおそってくるのである。

　要は，テレビによってもたらされた世界は「地球村」ではなく，実際は人とのつながりが希薄な巨大都市，**コスモポリス**なのである。カーター政権下で国家安全補佐官を務め，その後コロンビア大学で教鞭をとったZ. K. ブレジンスキは，「マクルーハンの類比（地球村をさす）は注目を集めたが，個人的安定性，対人間の親密さ，そしてその根底を流れる価値と伝統の共有といった原始的村がもつ大切な要素を見逃している」と指摘している（Brzezinski

Column㉙ マーシャル・マクルーハン

　カナダ生まれの英文学者マクルーハン (1911-80) は，メディア論に関する著作で一躍脚光を浴びた。とくに，彼のメディア論が主要なメディアで取り上げられたおかげで，彼は世界的名声を獲得する。おそらくマクルーハンの提唱した「地球村」が当の電子メディアにとってありがたいイメージ，うれしい言葉だったため，メディアはこれを歓迎し率先して流布したのであろう。だが，ユニークとされるこの「地球村」という概念は，彼の先人に負うところが大きく，マクルーハン独自のものとはいいがたい (Kramer [1991]; Marchand [1989])。

　マクルーハンが影響を受けた学者の中には，S. ギーディオン，P. ゲデス，P. W. ルイス，T. ド・シャルダンなどがいる。マクルーハンの説を広く世に知らしめる役目をはたした言葉「地球村」は，イギリスの画家でかつ作家・批評家のルイスの著書 *America and Cosmic Man* からヒントをえた言葉である。ケンブリッジ大学留学中すでにルイスの著書 *Time and Western Man* に感銘を受けていたマクルーハンは，*America and Cosmic Man* の中の次の一節から「地球村」という言葉を生み出したとされている。「端と端を結ぶ電話，そして早く安全な航空輸送によって地球は1つの大きな村となる」。

[1970])。実際，情報網の発達による世界のグローバル化，利益社会化への警鐘は，1958年に発表されたD. ラーナーの著書 *The Passing of Traditional Society* ですでに鳴らされている (Lerner [1958])。また，マンフォード (次の項で詳しく取り上げる)，それに続くイニスもコミュニケーションの発達と「帝国主義」の関係をマクルーハンの楽観主義的考えが広まる以前に，明らかにしている (Innis [1950]; イニス [1987])。

技術の発達/突然変異

では，メディアの発達がもたらす世界が「地球村」ではなく巨大都市だとすると，その実際の姿を検証する必要がある。ここでは，マンフォードと彼に多大な影響を与えたイギリスの生物学者ゲデスの理論を追い

ながら（マンフォード［1972］），技術の発達と文明の関係を明らかにしていく。そうすることによって，巨大都市の実像に迫る。

ゲデスは，世界は歴史的に見て数回にわたり技術様式の変貌を経験しており，その変化は社会や人の野望に多大な影響を及ぼしたとする。さらに，ここ1000年ほどの技術の発達と文明の関係を整理すると，**原技術期**（eotechnic），**旧技術期**（paleotechnic），**新技術期**（neotechnic）の3つの段階に分けられるとし，それぞれの段階に移るたびに，生活のあらゆる側面や制度において既存のものがすべて洗い流されてしまう，つまり革命的とでもいえるような突然の変化がもたらされたとする。

これら3つの段階においては，それぞれ異なった資源や原材料が使われるため，エネルギーの発生と消費および生産様式が三者三様に異なる。原技術段階は水と木，旧技術段階は石炭と鉄，そして新技術段階は電気と合金の組合せによって生産が営まれ，それぞれ異なった労働形態，経済構造，権力構造，対人関係といった社会の仕組みが成り立っているのである。

原技術段階である AD. 約1000年から1750年にかけては，基本的には水と木そしてそれを使う筋力によって道具やさまざまな発明品が生み出されていった。ところが，ルネッサンス期に見られる数学的処理にもとづく生産過程の勃興は，一気に原技術段階から旧技術段階への移行を促した。そして，19世紀の半ば，イギリスにおいて旧技術時代の頂点が訪れる。マンフォードは，イギリスにその頂点が訪れたことが第1回万国博覧会の模様からうかがえるとして，次のように語っている。「1851年にハイド・パークの水晶宮で行われた大産業博覧会こそは，その勝利を告げる暁の声であって，最初の万国博覧会として，自由貿易，自由企業，

自由発明,またすでに全世界の工場であることを誇る国による世界市場への自由な接近の勝利をことほぐ歌声であった」(マンフォード [1972] 195-96 頁)。このことからすでに,あらゆる文化は自由競争を前提とした市場メカニズムの鉄則の下に集結すべしという世界制覇の野望が見てとれる。そして,いわゆるポスト産業化時代の電気エネルギーを中心とした新技術段階に入ると,その野望はますます具体性を帯びてくる。

技術段階の移行に伴う変化の本質は,権力の増大とその一極集中化にある。マンフォードは新技術段階における支配強化の始まりを 1832 年のフールネイロンによる水力タービンの完成(それは発動機の能率を 3 倍から 9 倍に増した)に見る。1830 年代は,ファラディの重要な一連の発明,そしてヴォルタ,ガルヴァニ,エルシュテッド,オーム,アンベールの発明と続き,「やがてジョセフ・ヘンリーの電磁気についてのまったく時代を同じくする研究と結びついて,エネルギーの変換と配分について,また決定的な新技術的発明の大部分にとって,新しい基盤を築いた」(マンフォード [1972] 266 頁)。

だが次々と生み出されていく発明は,次第に資本蓄積のイデオロギーの下,資本家の手により独占管理されていく。その顕著な例が,アレキサンダー・グラハム・ベルの発明をだましとった資本家軍団 AT&T の設立 (1885 年),1926 年に設立されたナショナル・ブロードキャスティング社の周波数変調(FM)技術の管理(FM の発明者アームストロングはこのため自殺に追いやられた)などである。こうした巨大資本による技術の独占管理は繰り返し行われており,枚挙にいとまがない。1990 年代初頭に活躍したアメリカのロックグループ,ニルヴァーナのヴォーカリストでギタリス

トのカート・コバーンをはじめとしたアーティストらが，巨大資本の独占こそが彼ら独自の芸術性を妨げる要因となっていると不満を漏らしてみても，どうにもならない。コバーンのようにみずからの命を絶って抗議したとしても大勢は変わらないのである。

巨大資本に牛耳られたコミュニケーション技術およびそれによって運ばれる「文化」，たとえばMTVやディズニーランド，マクドナルドが世界を制覇しようとしている。G. ガブナーは，こうした状況を「**文化の主流化**（cultural mainstreaming）」と呼ぶ（Gerbner [1990]）。文化の主流化によって作り上げられる世界は，大量生産・消費を前提とした巨大都市である。人の有機的なつながりを特徴とする共同社会（Gemeinshaft）は，今や孤立化した人間の集まりである利益社会（Gesellshaft）に世界同時進行で一気に取って代わられようとしているのである。

コスモポリスとグローバリズム

世界はたしかに合理化への道を歩み続け，地球全体がその結果縮んでいきつつある。そして，イデオロギー，価値観，また世界，自己，未来に対する認識をも揺るがす**グローバリズム**というまったく新しい態度が生まれつつある。その結果生み出されたのが，コスモポリスである。コスモポリスの誕生は，近代化の当然の帰結といえる。これまでにも，都市は人々を引きつけてやまなかった。文明は都市と貿易にありと，アリストテレスが断言したように，人は文明を求めて都市に集まってきたのであろう。だが，現在の都市化は今までに類を見ないほど大規模でかつ急速なものとなっている。人々は次々と，それまでわれわれの食を支えてきた農耕生活様式を捨て，都会の生活様式を求め移動する。近代的豊かさと地位を求めて都会へと移住していくのである。

地球規模での都市化が起こった結果，さまざまな深刻な問題が各地で勃発している。人口の急激な増加にインフラの整備が追いつかない。あるいはその整備のために過度な税金の負担を強いられる。また，人口が高密度かつ流動的になるにつれ，HIVのような感染症が広がりやすくなった。そしてこうした問題の解決策として，さらなる技術開発が進められる。だが，技術の進歩と病原菌やウイルスの進化は，イタチゴッコの様相を呈している。巨大な都市人口を養うために開発された農業技術も，大規模な単作による土地の荒廃をもたらした。大資本による農業ビジネス参入と農業の工業化は，土が必要とする作物の多様性を奪い取ってしまったのである。

　グローバリズムの結果，多様性が奪われるのは農業分野にかぎったことではない。貿易，交通そしてコミュニケーション網がひとたび張りめぐらされると，情報が拡散される。だがその拡散は，往々にして先進諸国から発展途上国への一方通行である。発展途上国は，みずからがもつ資源と引き換えに商品としての情報，〈先進国＝西欧〉の文化が色濃く反映されている情報を買う。先進国のマーケット戦略は，まず発展途上国の人々をグローバル・エコノミーに組み入れるための説得／教育から始まる。いかに彼らが「遅れているか」を知らしめ，時流に乗り遅れないよう貿易および情報網の設置を迫る。いわば，西欧流の考えのみならず，いかにして考えるのかその枠組みをも押しつけるのである。そしてその枠組みを決定するネットワークが設置されるやいなや，さらに商品・情報購入の必要性を説くことによって市場の開拓を進める。世界中の大都市には必ずといっていいほど，マクドナルド，ケンタッキー・フライド・チキン，バーガー・キングといったアメリ

> *Column ㉚* 技術導入による誤算?!

西欧で発達した技術が非西欧諸国に輸出された場合，異なった使われ方をされたり，その影響力が思わぬ方向へといってしまうことがよくある。その典型的な例が，韓国における超音波診断装置である。最近の韓国の出産率を見ると，男児の方が女児より20％ほど多いという。胎児の健全な成長および異常の早期発見のために開発された装置だったはずなのに，女児より男児を欲しがる傾向の強い韓国では，その技術が思わぬ使われ方・解釈をされたようである。

新たな技術によってもたらされる価値観が，ある文化固有の価値観と衝突してしまうということはよくある。国内製品の単純な輸出が失敗するのはそのためである。だが，今では輸出企業はそれぞれの地域の文化的特質を多少加味した商品を輸出するようになり，グローバル化を視野に入れた市場戦略はますます巧妙になってきている。

カ合衆国資本のファースト・フード店があるのも，先進国アメリカのグローバル戦略の結果である。ここにグローバリズムがもたらす**文化の画一化**，**文化帝国主義**の構図が見えてくる。

通信網のグローバル化とその意図

交通や通信技術の発達は，その地域の政治・経済と密接に結びついている。また，その地域のみならず地球規模での政治・経済，つまりグローバル化と関連する。こうした構図は，ある地域や国に通信網がもたらされた経緯を見ていくことによって明らかになっていく。

たとえばガーナの場合，そのラジオ・システムは旧宗主国であるイギリスから受け継いだものである。イギリスは当初，植民地内に住む自国民と連絡を取る必要から有線ラジオを設置したのだが，のちに植民地人民部隊の士気を高めるため，そしてナチ政権と近かったビシー政権が管理していた近隣のフランス領からのプロパガンダに対抗する必要から，現地語での放送を始めた。だが，

ガーナが1957年カリスマ的指導者エンクルマの下で独立を勝ちえてからは,アフリカの一体化運動促進のためにとその放送の目的が変わっていった。

しかし皮肉にも,新たな放送の目的であるアフリカの一体化運動とは,まさに旧宗主国が行っていた文化帝国主義および**アイデンティティ管理**を引き継いでいるものにほかならなかった。つまり,列強諸国から与えられたアイデンティティ「アフリカ人」を守るために彼らは新たな戦いを始めたのである。ヨーロッパ人が訪れる前は,「アフリカ」という言葉すら存在しなかった。空や大地,火,水などとの関係で自己確認をしていた人々は,列強諸国が行った「正しい教育」によってみずからを「ヨーロッパ人」ではない「アフリカ人」と位置づけるようになったのである。グローバリズムへの一歩として,地球規模での視点の芽生えがここに見てとれる。

エンクルマ政権下のガーナは,さらに1961年には,アフリカのみならず北米およびヨーロッパへの対外ラジオ放送を始める。そして1965年には,ガーナの社会主義化への道を促進する目的で,テレビ放送が始まった。1966年エンクルマ政権が倒れると,放送システムはその後次々と生まれる軍事あるいは政党勢力によって運営されることになる。したがって私有化はされなかったものの,エンクルマ政権倒壊以降,商業ベースの収入に頼る経営へと移行していったのである。

放送システムは,自国文化の維持および国としての統一やアイデンティティを促進するという役割を担う。だがその一方で,莫大なコストのかかる放送システムを維持・管理するためには,自国内では対処しきれず,アメリカ合衆国を初めとする西欧諸国に

頼らざるをえない。この点に関しては，あとでさらなる検討を行う。その前に，ヨーロッパ諸国の放送システムに関連する政治・経済戦略の経緯を押さえておく。

列強諸国はまず，植民地に住む自国民へのアクセスのために短波ラジオによる国際放送を始める。1927年，オランダが西インドの自国領に向けてサービスを開始したのが始まりである。その後，1929年のドイツ，1931年のフランス，そして1932年のイギリスと続く。しかし，中東・北アフリカでの列強諸国の対立関係が深まるにつれ，自国領地を他の列強諸国の侵略から守るため，外国語放送の必要性が高まってきた。1935年，当時北アフリカのアラブ語圏リビアを統治していたイタリアが，まずアドリア海沿岸のバリを拠点にアラブ語放送を始める。イギリスもその3年後にアラブ語放送を始めている。イギリスは同じ年に，中南米向けスペイン語・ポルトガル語の放送も開始している。その後，ヒットラーの台頭，そして第二次世界大戦の勃発により外国語放送はさらなる広がりを見せた。代表的な外国語放送としては，ラジオモスクワ，VOA（アメリカ合衆国），ラジオ北京，ドイツヴェレ，BBC国際サービスなどがある。

こうした歴史的経緯からうかがえることは，放送のグローバル化と地域紛争の世界的な広がりとが密接な関係をもつことである。列強のグローバル化戦略は，紛争の拡大に伴い強化されていく。その中で，植民地諸国は確実にその戦略の中に組み込まれていった。列強諸国の現地語放送により士気をあおられた植民地民は，みずから兵士として志願していく。そして中には，イギリス軍に仕えたネパールのグルカ軍などのようにめざましい活躍を行った人々も少なくなかった。しかし，統治国のために命を投げ出さ

ばかりに戦った彼らだが，終戦後あるいは兵役終了後統治国の市民権が与えられるわけでもなく，統治国の兵隊と同等な扱いなど受けられるはずはなかった。単に，列強諸国が現地民を使い捨ての奴隷として扱った，その歴史が繰り返されたにすぎなかったのである。

国境を越える電波とその妨害

国境を越えて広がる電波は，格好のプロパガンダの手段となりうる。だが，そうした国境を越えて進入してくる電波を妨害しようとする努力も歴史上繰り返されてきた。たとえば，フランスはアルジェリア独立戦争の際，アルジェリア解放放送（The Voice of Free Algeria）を妨害電波を出すことにより聴取困難にした。1950年代から60年代にかけて，フランス，西ドイツ，ノルウェーは，北海を拠点として流される海賊放送に対して同じような妨害を行った。またエジプトは，中東のライバル局に対して妨害電波を今でも頻繁に出している。ホメイニ政権後のイランでは，VOA，BBCそして西ドイツ，イラク，サウジアラビアからの放送に対して妨害電波が出されている。そのほか，フォークランド戦争中BBCラテンアメリカ放送に妨害電波を出したアルゼンチン，アメリカ合衆国の放送を妨害するキューバなど，枚挙にいとまがない。

外国からの放送を妨害する努力は，妨害電波以外にも行われている。たとえば，ラジオやテレビのチューナー自体を外国放送のチャンネルに合わせられないようにあらかじめ設定して販売する方法がある。また，国内における監視の強化も1つの方法である。とくに東西冷戦下におけるソビエト圏では，西側の放送を見たり聞いたりしていないか，厳しいチェックが行われていた。東ドイ

ツでは，学校で子どもたちに西ドイツの放送を見ないよう指導しかつ誓約書まで書かせた。それと同時に，子どもたちに親たちが西ドイツの放送を見ていたかどうかを報告させていた。だが，実際には国民の80%がすでに西側の放送を楽しんでいたため，こうした努力も大して役には立たなかった。そこで東ドイツ側は，国民の大半が西ドイツの放送を見ているという現実をふまえて，西ドイツが放送した内容に対する反論番組を流すことでそれに対抗しようとした。しかし，西側の情報が次々と入ってくると，その説得力は低下していく。そして，最終的にはベルリンの壁崩壊へと向かっていったのである。

国境を越えて広がる電波をすべて妨害することは，おそらく不可能である。東ドイツの例からも分かるように，電波に乗って運ばれた西側の情報が，ソビエト圏崩壊の原動力になった事実は否めない。とくに，広くそして遠くまで電波が届く短波放送による影響は大きかった。都市部においてはたしかに妨害電波が出され短波放送受信は困難だったが，地方においては比較的自由に放送を受信できていたといわれている。一方，テレビによる影響は東ドイツやハンガリーを除いては，一般にいわれているほど大きくはなかった。テレビ電波を受信するには，かなりの危険を冒してパラボラ・アンテナを設置しなければならないため，それほど多くの人が西側のテレビ放送を見ていたわけではない。ただし，東ドイツのようにひとたび何らかの理由で西側のテレビ放送へのアクセスが可能になった場合，その影響力はかなりのものであったはずである。

本来，外国放送の受信妨害は，国連が定めた「コミュニケートする権利」違反にあたる。しかし，西側からの一方通行にならざ

るをえない情報の流れは，国連が同時に尊重する各国の主権を脅かしかねない。国連もそのことは十分承知しており，長年議論が重ねられてきた。だが，いかなる事情があろうとも情報の自由な流れを脅かすことがあってはならないと主張する西側諸国と，西側からの情報とその情報が運んでくる西側の文化によって自国の主権が脅かされるとする非西欧諸国のいわゆる**南北対立**は，未だに解決を見ない。

| 文化帝国主義と巨大メディア/企業の独占 |

しかし実際には，多くの人々が先進国で作られた番組，とくにアメリカ合衆国製の娯楽性の高い番組を楽しんでいることは，否定できない事実である。たとえば，多くのイスラエル人は，自前の番組にこだわり長年白黒放送しか流せないでいた自国のチャンネルに飽きたらず，アメリカ合衆国の番組を流すヨルダンのチャンネルを見ていた。さらに，1984年に起こったイスラエル放送局員のストライキのせいで，人々はますますエジプトやシリアを含む外国放送を見るようになった。インドでは，BBCモデルに則った自国の番組に満足できない人々が，アメリカ合衆国の影響を受けているスリランカのテレビを見ているという（Wijesekera [1983]）。芸術性や教育性の高いクラシック音楽やドキュメンタリー番組よりも，娯楽性の高いポップ・ミュージックや映画・ドラマの方が好まれているのである。

　衛星放送の広がりが，さらに文化の一方的な流れを助長する。BBC，CNN，MTVなどが直接衛星を通じて，ニュースや音楽を世界各地に送り届けている。世界中の人が同じニュース内容，文化を共有しているのである。つまり，放送そしてそれが運ぶ**文化の〈ボーダレス化＝画一化〉**はますます進んでいるといえる。そし

第11章　縮みゆく世界

て，それにつれ各国の主権は脅かされる一方である。

文化の画一化にいっそう拍車をかけるのが，世界的規模で広がりつつある**メディア/企業の独占体制**である。B. H. バグディキアンは，ここ 20 年の間に，世界中の大半の人々が，先進国，とくにアメリカのメディア多国籍コングロマリット数社が作り出すニュースや娯楽番組（両者の境はますます曖昧なっているが）を見たり，聞いたり，読んだりするようになるだろうと予測している（Bagdikian [1992]）。しかし，これは何も今に始まった問題ではない。ロイター，UP，AP といった西側通信社によるニュース配信の寡占体制は，少なくとも 1970 年代前後から指摘されていた。そして，国連の要請の下に**マクブライド委員会**が結成され，委員会は報道の不均衡問題および前項で取り上げた南北問題の調査・解決に向けて動き出した。だが，こうした努力にもかかわらず，報道の流れの一方通行，南北対立は収まるどころかますます強まりつつある。

さらに，**異種メディア同士の合併**が進行しつつあり，ニュースのみならずあらゆる情報が多様性を失っていく。バグディキアンが，アメリカ合衆国ではわずか 50 の企業がマスコミ界を独占していると警告したが（バグディキアン [1985]），こうした独占体制は日本でも進んでいる。新聞社とテレビ局のつながり（たとえば，日本テレビと読売新聞，テレビ朝日と朝日新聞，TBS と毎日新聞）などは周知の事実である。そうした異種メディアのつながりがもっと大規模に行われているのが，今の世界の現状である。他種メディアを吸収合併した巨大企業，たとえばマイクロソフト社，バイアコム社，ディズニー，ソニーのもくろみは，さまざまなチャンネルを駆使して自社製品および自社に有利な情報を売り込むことであ

る。彼らにとってもっとも重要なのは，地球規模で広がるマーケットをいかに効率よく制覇するかである。

だが，異種間のつながりは異種メディア同士の吸収合併にとどまらない。巨大企業間のつながりはもっと複雑な様相を呈している。巨大企業の役員会メンバーを見ると，同一人物が石油会社，武器製造会社，銀行といったまったく異なった業種の役員を兼任しているのが分かる。つまり，一見別々の集団を装っているが，実は数人の巨大資本家に操られている兄弟会社ということになる。そしてこうした企業は，メディアにも触手を伸ばす。彼らにとって，メディアを牛耳ることは，自社に不利益な情報を流させない，あるいは有利な情報だけを流させるためにも非常に重要なことである (Bagdikian [1992])。

情報の画一化，そしてその情報によってもたらされる文化の画一化は多様性の喪失につながる問題である。だがそれ以上に深刻なのは，画一化の裏にこうした巨大企業のもくろみが存在することなのである。

テレビ導入の意図

「開発」の名の下に，巨大企業は第三世界諸国へ進出している。そして，世界規模の情報の流れに進出先の第三世界諸国を組み入れるため，まず放送システムを整備する。世界の「コカ・コーラ化」とまでいわれる現象を生み出した巨大企業コカ・コーラが使った手も，まさにこれであった。たとえば，コロンビアでコカ・コーラが最初に着手したのは，テレビ網の整備であった。テレビによって流される広告が自社製品の売上げに直結すると考えたためである。ここに「**テレ・コロニアリズム**」の構図が読み取れる。

しかし，いくら巨大企業のバックアップがあるとはいえ，テレ

ビ網を立ち上げるには莫大な費用がかかる。S. ヘッドが疑問を呈しているように，あまりにも貧しくテレビ放送を始めるだけのコストも需要もない国が数多くあるはずなのに，そうした貧しい国でもテレビ放送が実施されているのである（Head [1985]）。

いかに貧しくとも無理をしてまでテレビ放送を開始するのは，おそらくテレビ放送を立ち上げることが独立国としての威信につながり，かつ近代国家への仲間入りを果たしたことを意味すると考えられているからだろう。すでに海外を旅した経験のある指導者たちは，自国でもテレビ放送ぐらいなくては国の威信にかかわると考える。そこで，国民の大多数が貧しくテレビを買うお金もなく，まして電気さえきていない地域がほとんどだとしても，無理して放送を開始する。その結果，大都市に住む一部のエリートを満足させることになり，ひいては彼らの政治的支持を取りつけることにつながる。そして，ひとたびテレビ放送が開始されるやいなや，テレビが発する強力なプロパガンダによって，その国は市場経済に組み込まれ，指導者およびそのとりまきはますます富と権力を手に入れていくのである。そのいい例が，フィリピンのマルコス一家やインドネシアのスハルト一家である。

テレビ放送を続けていくのはコストがかかる。テレビ網の整備だけでもやっとの思いで行ってきた国に，その番組まで作る余力はない。必然的に国際シンジケートに頼らざるをえなくなる。そしてその結果，廉価なアメリカ製の番組にいわば乗っ取られることになるのである。

こうした結果になることを承知している巨大企業は，テレビ・システム導入の絶好の機会を常にうかがっている。そしてその機会の1つが，その国の一大イベントとなりえるセレモニーである。

Column㉛ ジュリアス・ニエレレの抵抗

「テレ・コロニアリズム」による近代化への誘惑に必死で抵抗している指導者も，非常に少数ではあるがいないわけではない。タンザニアの大統領ジュリアス・ニエレレはそのうちの1人である。タンザニア沖の島ザンジバルにテレビ局が開設されたのは1974年で，タンザニアの首都ダル・エス・サラームに設置されたアンテナでその信号は受信されていた。また，ケニヤとウガンダ国境近くに住むタンザニア国民は，それらの国の放送を受信することができた。しかし，テレビをもつ人々はあくまでも少数派であり，1982年当時でわずか4000台しか普及していなかった。それにもかかわらず，議会はテレビ・システムを正式に認可しようとしていた。ところが，ニエレレ大統領は今タンザニアに必要なのはテレビよりもずっと廉価でしかも電池で動く，つまり電気が引かれていなくても聞けるラジオであり，ラジオ・システムを整備する方が先決であると主張した。結局，彼の主張が聞き入れられ，テレビの導入は1990年代にまで延期されることになった。

たとえば，1963年，エチオピアのハイレ・セラシエ皇帝は半ばごり押しでアフリカ統一機構の第1回会議を自国の首都で開催し，それをテレビ中継させた。その後，アジスアベバにテレビ局開設の命を下し，その営業開始日を自分の誕生日にあてている。国民所得が世界でもっとも低い国の1つで，しかも多くの国民が飢死している国であるにもかかわらず，お金のかかるテレビ放送は開始されたのである。それから30年後の時点で，人口4500万の国でわずか10万台のテレビしか普及していないことを考えると，いかに不釣り合いな技術導入がなされたかが分かるだろう。

オリンピックもまた，テレビ導入の絶好の機会である。セネガルでは，1965年，国連とフランス政府の援助の下にテレビ局が開局された。しかしその5年後，資金不足のために閉鎖された。そのテレビ局が，一部のエリートとフランスのテレビ機器メーカーの強い要請で再び開局したのは，1972年のオリンピックの年であ

った。その後，そのためにテレビを買った一部の国民からの要望でテレビ放送を続けざるをえなくなった。メキシコは，1968年のオリンピック開催を機に極超短波網を設置し，衛星放送を可能とした。メキシコではそれ以前からテレビ放送が始まってはいたが，電話線を使っており安定した放送からはほど遠いものであった。こうした例から見えてくるのは，オリンピックがこのころからすでに世界市場化の一翼を担っていたことである。その後のオリンピックの商業化は，当然の帰結なのであろう。

世界の二分化

テレビ放送の開始とともに世界規模での市場が作られていくメカニズムは見えてきたが，はたしてその市場へすべての人が同じように組み入れられているのであろうか。

テレビ放送は開始したがその番組制作まで手が回らない多くの国々は，アメリカ製の番組を買うことになる。それによってもたらされるアメリカ文化は，次段階の情報の流れ，たとえばディズニーランドやそのキャラクター商品，プラネット・ハリウッド，ハード・ロック・カフェの導入を可能とする。こうした文化は都市部の若者に熱狂的な歓迎を受け，近代化の証としてもてはやされる。だが，テレビもない，都市へ遊びに行く余裕もない人々はどうなのだろうか。**テレデンシティ**，つまり新聞・ラジオ・テレビ・映画といったメディアの密度は，均等ではない。都市部に偏っている。実際は，J. アレンとC. ハムネットが言っているように，ほとんどの人々が「(コミュニケーションの) 地図からはずれている (off the map)」のである (Allen & Hamnett [1995])。地球上の大半の人が「会話」からはずされているといってもいいかもしれない。

では，会話からはずされるということは，文化帝国主義の影響の外におかれるということだろうか。独自の文化を守れることを意味するのであろうか。おそらくある程度は可能かもしれない。だが，地球規模で起こっている変化の影響をまったく受けずにいられるわけではない。重要なのは，その変化の方向づけに参加できないという事実の方である。地図からはずれた人々にとって変化は与えられ，他者が計画した未来図に勝手にはめ込まれるのであって，みずからが計画設計の参加者とはなれないのである。地球の全人口の約3分の2を占めるであろう発展途上国の人々は，会話の参加者にすらなれず，先進国が描いた未来図に一方的に組み込まれるのをただ呆然と眺めるしかないのである。ある日突然先進国からの産業廃棄物が村に捨てられていた，という事件が発展途上国で起こりうるのも，先進国が勝手に立てた開発計画の一端に途上国の人々が自動的に組み込まれたからにほかならない。途上国の人々の意思は完全に無視されたのである。

　1995年のユネスコの調査では，全世界平均で人口1000人に対して204人がテレビを持っているという結果が出た。だが，この内訳を見てみると，G7の平均が507人で，いわゆる発展途上国の平均は115人である。つまり，多くの国が人口1000人あたり115人以下のテレビ保有台数国にあたるのである。たとえば，セネガルは38人，インドは51人，ギニアは92人，ザンビアは32人，カンボジアは8.5人，フィリピンは49人である。一方，もっとも高い値を示しているアメリカ合衆国は805人で，日本は684人，オーストラリアは495人，ドイツは554人である。ほかのメディア，つまり電話の保有台数，新聞や本の発行部数，図書館の数などの地域差もほぼこの結果と似通っている。

また，パソコン，携帯電話といった新しいメディアの普及の程度を調べたとしてもおそらく同じような結果になるのではないだろうか。こうしたことから言えるのは，新しい技術は技術および情報の不均衡を是正するどころか，ますます促進していっているということである。もてる人々ともてざる人々のギャップは縮まるどころか，ますます広がっていっているのである。

　多くの「**参加者＝もてる人々**」が「縮みゆく世界」をもてはやしているが，一方「**参加すらできない人々＝もてざる人々**」には関係のない現象，あるいは聞いたことすらない現象なのかもしれない。実際，200年前の世界の方がよほど富の配分においては平等であった。あらゆる地域で農業を主体とした生活が営まれており，地域差は小さかったはずである。世界中の人々が実際の交流はなくとも，共通点を多くもつ世界だったのかもしれない。そう考えると，「縮みゆく世界」とはいったい何なのだろうか，その意味をここでもう一度問い直す必要があるのかもしれない。

ゼミナール

1　マクルーハンが説く「地球村」とはどういうものなのか。また，それに対する批判にはどのようなものがあるのか整理してみよう。

2　原技術期から旧技術期，そして新技術期へと技術・文明は移行していくが，その変化のもっとも重要な意味とは何であろうか。

3　通信網のグローバル化と地域紛争，国際紛争の関係を整理してみよう。

4　国境を越えて広がる電波をめぐる「南北問題」とは，どのようなものか。

5　巨大メディア／企業の独占によってもたらされる影響とは，具

体的にどのようなものが考えられるか。

6 テレビ・システムを導入するには，あまりにも資金がなさすぎる国でも導入に踏み切るのはなぜなのだろうか。

7 文化の画一化をもたらす文化帝国主義とはどのようなものなのか，整理してみよう。

8 インターネットのような新しいメディアは，グローバル化にどのような影響を与えるのであろうか。

9 世界の画一化および二分化がもたらす危険性について，具体的にはどのようなものが考えられるか話し合ってみよう。

10 世界の画一化および二分化を回避する道はあるのだろうか。そのためにわれわれができることは何なのだろうか。

第12章 グローバル化とアイデンティティ

アイデンティティの画一化・喪失

WTO閣僚会議に対する抗議デモ（ロイター・サン提供）

　グローバル・スタンダードへの抵抗：WTO閣僚会議の開幕日にあたった1999年11月30日，開催地のシアトルの町は，環境保護を訴える市民および労働団体などのデモ行進で騒然となった。何百という逮捕者まで出る騒ぎとなったが，この様子はテレビを通じて全世界へ報道された。しかし，なぜこうしたデモ行進が起こったのか，デモ行進に参加した人が求めているものは何なのか，そこまで踏み込んだ報道を行ったメディアはほとんどなかった。自由貿易を柱とし，地球規模でのグローバル・スタンダードの導入をもくろむWTOの暴走を抑えようとする人々の声が，はたしてどの程度世界へ届いたのだろうか。自由貿易とは先進国が求めるものであり，グローバル・スタンダードとは先進国の立てた基準である。閣僚会議においては，こうした「もてる国」の利益を代弁するWTOの基本方針が，各国の思惑が絡み多少の対立はあったものの，おおむね踏襲されることに落ち着いた。世界の画一化へまた一歩進んでしまったのである。

　グローバル・スタンダードの蔓延は，アイデンティティの画一化・喪失につながる。最終章では，グローバル化がもたらすアイデンティティの危機について考える。

テレビが社会を変える

ラジオやテレビといったテレ・コミュニケーション技術が社会へ入り込むことによって，社会全体に新たな情報の流れが生み出される。それらの情報は川底に溜まる泥のように，堆積していく。そして，われわれは次々と流れ込み溜まっていく情報に身をさらし，みずからの経験としていく。つまり，われわれの地平が開かれていくのである。新たな経験は，それまでの経験をいま一度解釈し直すという作業を促す。つらい経験も時が経つと懐かしい思い出に変わるように，新たな経験によって過去の経験は再解釈される。このように，さまざまな経験が織りなす地平が，新たな可能性を開いてくれるのである。

たとえばテレビが社会に登場すると，人々の生活はそれまでとはまったく違ったものとなる。われわれのものの見方が，テレビが生活に入ってきたことですっかり変わってしまい，余暇や仕事，楽しみ，美，富，力といったさまざまな価値観が変化する。つまり，テレビという新しい経験をすることによって，今までの価値観が見直されるのである。

J. メイロウィッツは，テレビによる情報の流れが導入されることによって，真の意味での大衆視聴者が作り出されるといっている（Meyrowitz [1985]）。老若男女を問わず，また貧富の差や教育の程度，都市あるいは農村といった違いを越えて，テレビは見られる。それによって，今まで明確な区分があった社会的な垣根が取り除かれていく。たとえば，子どもが大人向けの番組を見る，大人が子ども向けの番組を見るといった現象がごく当たり前のこととして受け入れられる。

いわゆる伝統的な社会では，メッセージの内容やそれが伝えら

れる形式は聴衆の種類によって異なっていた（キャンベル ＆ モイヤーズ [1992]）。子どもには子ども向けの話，大人には大人向けの話，女性には女性向けの話，男性には男性向けの話があった。また，それが語られる場面も決まっていた。大人向けの話は子どもには理解できないだろうし，面白くもないだろう，そして無垢な子どもは機が熟すまでは無垢なままでいなければならない，だから大人の話を子どもにしてはならないと考えられていたのである。

ところが，テレビの登場によってその区分がほとんど過去のものとなった。子どもが大人と一緒にドラマを見，大人も子ども向けのアニメを楽しむといった光景が当たり前のものとなった。さらに，女性の裁判官や弁護士，医者といった，以前は珍しかった専門職に就いている女性の姿が頻繁にテレビに登場することにより，それは特別変わった状況だとは受け取られなくなっていった。テレビから流れてくる情報によって，今までの常識が徐々に崩れていっているのである。

社会が変われば，自己もアイデンティティも変わる。自己とは，われわれと社会との対話によって形成される総合的な産物である（第1章参照）。つまり，われわれは他者との関係やそれによって決められる役割を常に確認しながら，自己を形成していくのである。そして，他者と交わりお互いの違いを認識することによって，みずからのアイデンティティに気づかされる。異文化コミュニケーションは自分探しの旅である，という考えにもとづいて出発したこの本の最終章として，ここでいま一度アイデンティティの問題を考えてみたい。メディアによってもたらされたグローバル化の流れ，その中でアイデンティティがどのように変化していったのか，あるいは変化しているのかを検証していく。

テレ・コミュニケーションとアイデンティティ

ゴフマンによると，すべての人が「**公的な自己**」と「**私的な自己**」をもつという。そして，私的な場における行動は，公的な場における自己提示とまったく異なる。私的な場である「**舞台裏**」では，くだけた行為やコミュニケーションが行われる一方，公的な場である「**表舞台**」では，フォーマルで礼儀正しい行為やコミュニケーションが行われる (Goffman [1974])。たとえば，ウェイターが客に給仕をする場合，丁寧な言葉遣いや物腰で客に接するであろう。つまり，表舞台である客席では公的な自己を提示するのである。ところが裏舞台であるキッチンでは，くだけた態度で仲間と接したりくつろいだりと，私的な自己が現れてくる。ただし，表舞台と裏舞台の区別は固定したものではなく，その場の状況や関係性によって変わる。客が料理に対する文句を言いにキッチンに来たとしたら，そこは一瞬のうちに裏舞台から表舞台へと変わる。

裏舞台である私的な場における態度やコミュニケーションは，どのようなグループに属するかによって異なる。男性のロッカールームで話される内容は，おそらく女性には聞くに耐えないものであろうし，女性同士の話も男性には聞きづらいものかもしれない。こうした話題は，ほかのグループ・メンバーに聞かせることを前提に話されていないから，聞きづらかったり分からなくて当然なのである。

ところが，ラジオやテレビ，映画，インターネットといった新たなコミュニケーション・チャンネルの登場によって，今まではグループ内にとどめられていた情報，裏舞台での出来事が多くの人の前で明らかにされることとなる (Meyrowitz [1985])。生死に

かかわるシーン，家庭内の葛藤，卑わいなジョークなどが，映画やテレビに登場し，私的な部分が衆目にさらされる。

　ゴフマンの自己と状況に関する理論とマクルーハンの電子メディアに関する理論を統合しようと試みたメイロウィッツは，電子メディアは人々の役割遂行のやり方のみならずいかに振る舞うべきかその認識自体も変えたとする（Meyrowitz [1985]）。子どもはいかに振る舞うべきか，大人はいかに振る舞うべきかといった認識を変えたのである。大人の番組を見る子どもは大人と同じように振る舞うようになり，子ども番組に影響された大人は子どものように振る舞うようになる。大人と同じような化粧をする子どもたちが増えていることや，大人と子どもが同じブランドの服を着ることなどからも，大人と子どもの区別がはっきりしなくなったことがうかがえる。要は，グループ間の境が曖昧になってきたのである。

　さらに，メイロウィッツの理論をインターナショナルなレベルにまで広げて考えて見ると，かつては違いが明らかであった国や文化の境も電子メディアの登場により曖昧になってきていることが分かる。以前はそのコミュニティ内の秘密として守られていた場所や出来事が，情報として世界中に流されると，もはや秘密でも何でもなくなる。好奇心と個人の知る権利が合体して，以前は神秘的でエキゾチックだと考えられていたものが次々と消えていく。また，社会的役割やアイデンティティも唯一の基準，電子メディアが流す基準によって規定されていく。都市型のライフスタイルがもっともモダンでリッチな生活であると，誰もが思い込みそれに向かって突き進むのである。だが，地球規模で共有され期待される唯一のものをめざしていくと，すべてが同じになってし

> **Column ㉜ 未成年者とネット社会**
>
> インターネットの普及に伴い,そこで流されるポルノ情報をいかに規制していくかが大きな社会問題となっている。今や日本の小学校でもインターネットを駆使した授業を取り入れようとしており,子どもでも簡単にポルノなどへのアクセスが可能になろうとしている。インターネットで流されているポルノ情報は,女性の虐待シーン,幼児ポルノといった,人権を無視したものが多い。そうした情報に子どもたちがさらされた際の影響ははかり知れないものがあるだろう。
>
> さらに,未成年者のネット犯罪への関与も問題として取り上げられている。インターネットで商品を販売しようとした少年が,代金を受け取ったにもかかわらず,商品を購入者に送らなかったという詐欺事件が発覚し,世間を騒がせた。また,ネット上ではさまざまな商品情報が流されており,誰でも購入できる。未成年者でも,たとえば薬のように使用上注意を要するような物が簡単に手に入る。
>
> 新しいメディアの登場により,従来あった区分,たとえば大人と子どもの境が曖昧になっていく傾向がますます促進され,それにつれ上記のような重大な問題が表面化してきている。メディアの社会的影響を真剣に見直さなくてはならない時期にきているようである。

まう。それぞれの意味を生み出していた違いが消えていってしまう。世界のコスモポリス化は,自分にとって特別な場所がどこにも存在しない「**ホームレス化**」にほかならない。そして,電子メディアによるアイデンティティの画一化は,帰属意識の希薄なホームレス・マインドを生み出すのである。

広がる貧富の差とそれを覆い隠すシステム

アイデンティティの画一化は,地球規模での市場化の広がりの中で,急速に進行している。そして,それを押し進めているメカニズムは,一見繁栄を約束するように見せかけているため,その正体を見抜くのはそれほど簡単ではない。

第11章で述べたように,グローバリズムという新しい態度・

価値観が生まれたことにより,人々は近代的都会生活を求め,より裕福に,そしてより便利なものを手に入れようとするようになった。中国のスローガン「富は栄光なり」が象徴するように,〈富＝栄光〉を求めて人々の欲望はさらにエスカレートしていくかに見える。しかし,人々のそうした欲望も巨大企業の仕掛けた罠であることは,先の章で見てきた。にもかかわらず,巨大企業は「需要を満たすため」にと,まるで社会の責務がみずからの務めであるかのように生産性の向上を求めてまい進する。だが,巨大企業が真に求めるものはさらなる利益の見返りであることは否定できない。そのためより廉価な資源,労働力を求めて,発展途上国へと進出していく。

コスト削減のため,アメリカ合衆国の多国籍企業は,アメリカとの国境付近にあるメキシコの都市に,生産設備に対する規制を適用しない地域を作らせた。いわゆる「**マキラドラ・システム**」と呼ばれる制度である。こうした制度によって,アメリカは安い労働力を確保することができ,メキシコは国内経済を活性化させることができる。西ヨーロッパの国々も東欧諸国に対し,また日本も東南アジアの国々に対して,それぞれの「マキラドラ・システム」を確立している。外国からの投資を増やすために,第三世界の指導者たちは先進国からの進出企業に対して規制の緩和,税の大幅な免除といった特別措置をみずから進んで講じるのである。

だが,多国籍企業はたとえこうしたシステムを利用して生産性を上げ利益を増やしたとしても,それを労働者へ還元することはしない。たとえば,メキシコでは1980年以来生産性は40％上がっているのに,実質賃金は40％下がっている。メキシコの自動車産業を調査したシャイケンは,「高度な生産と人工的に押さえた

賃金とが組み合わさると，労働コストは生産とのつながりをなくしてしまう」といっている (Greider [1997])。別な例を見てみよう。1994年，1人の労働者が1枚のシャツを作るのにアメリカでは14分，バングラデシュでは25分かかる計算となった。ところが，労働者1人当たりの時給は，アメリカが7ドル53セント，バングラデシュが25セントであった。また，1トンの鉄を作るのにアメリカでは3.4時間，ブラジルでは5.8時間かかるが，賃金の割合は10対1，アメリカが時給13ドル，ブラジルが1.28ドルであった (Rothstein [1994])。生産性と労働コストがいかに連動していないか，いかにバングラデシュやブラジルの労働者が搾取されているかが分かるだろう。そして，「もてる国」と「もたざる国」の格差が広がるシステムがここからもうかがえる。

当然，「もてる国」と「もたざる国」の間で緊張は高まる。だが，そこにはその緊張を緩和するための，「もたざる国」の不満を和らげるための仕掛けが用意されている。それは，大国からの経済援助である。大国は，発展途上国が不満で爆発しない程度の，その経済システムがかろうじて維持できる程度の援助の手を差し伸べるのである。

「労働者」対「労働者」

大企業による発展途上国への投資は，資本投下のみにとどまらない。労働慣行も導入される。資本家にとって生産性と労働コストを連動させることは重要ではないことはすでに述べた。彼らにとって何よりも重要なのは，労働コストのより低い地域へ資本投下を移すことである。こうした方針の背後には，労働者は世界規模で交換可能であるとする考え方がある。異文化コミュニケーション分野などで，文化によって労働に対する考え方が違うことが指摘されているに

もかかわらず,そうした違いが省みられることはない。もっとも,違いを指摘する学者が,同時にその違いを乗り越えてうまくやっていくこと,結局は企業の方針に従うことを教えている場合も多いのではあるが。

たとえば,工場で働くことよりも人間関係が大切であるとする文化に育った人々にとって,仕事の時間を守ることは人間関係を維持することに比べたらそれほど大切ではないだろう。しかし,彼(女)らが頻繁に仕事に遅れるようなことがあると,管理者側は彼(女)らが怠慢で愚かなのだと決めつけてしまう。そして,効率性を重視した西欧型の労働慣行を押しつける。それがよいことだと教え諭し,彼(女)ら本来の文化を否定することで,彼(女)らを矯正しようとするのである。**〈グローバル・スタンダード=西欧型〉の労働慣行の導入**によって,世界規模で交換可能な労働者を作り出そうとしているのである。

さらに,労働者は地球規模で物事を考えるよう求められる。つまり,彼(女)らの「敵」は管理者ではなくほかの地域の労働者である,他の地域の労働者と仕事の機会を求めて競合しているのであるということを教えられる。西欧型の労働慣行に従い効率よく生産しなければ,他の地域へ生産拠点を移す権力をもっていることを労働者に知らせることによって,企業は**「労働者」対「労働者」の対立構造**を作り出しているのである。これまでの資本主義社会では,労働者側と管理者側が対立する構図が一般的であった。しかし,今や競争の原理および地球規模での市場の力の法則に則って,労働者は見たこともないほかの地域の労働者とみずからの生き残りをかけて対立しなくてはならなくなったのである。

だが,労働者自身はこうしたメカニズムを真に理解しているわ

けではない。みずからが管理されていることに，もはや容易には抜け出すことのできないグローバル・システムに組み込まれていることに気づいているわけではない。広い視野をもつこと(open-minded)，適応性を高める (adaptable) ことを求められ，それに従う。そうした態度を身につけるよう求められ，それに従うのである。これらは一見進歩的な態度に思えるし，そして何よりもそうした態度を身につければ物質的に豊かな進んだ生活が手に入れられるように思えるため，彼（女）はみずから進んで管理されていくのである。

二重の意識　一見みずから進んで権力をもつ相手の態度・考えを取り入れようとしている人々の中には，W. E. B. デュボアが呼ぶところの「**二重の意識**」に悩まされ，自己嫌悪に陥る者もいる（デュボア [1965]）。「二重の意識」とは，相手の視点を内面化すること，みずからを相手の視点を通して見ることである。つまり，相手の基準を受け入れ，その基準に照らし合わせて自己および自己がかかわるすべてのものを評価してしまうのである。たとえば，西欧的価値を受け入れ，西欧人の目を通して自分を見つめることで，しばしば自分が惨めな存在に思えたり，みずからの伝統を否定したりするようになるが，これも「二重の意識」の具体的な表出である。

明治以降の日本の文豪・文化人たちの多くも，こうした「二重の意識」に悩まされていたことが，彼らの著作から伝わってくる。たとえば，夏目漱石，森鷗外，二葉亭四迷などは，日本の近代化・西欧化が進む中，いかに日本の伝統と新しい動きが折り合いを見つけ出せるのかに苦悩していた。また少々時代は下るが，谷崎潤一郎もそうした苦悩する作家の1人であった。谷崎の小説『陰翳

礼讃』の次の一節から,「二重の意識」に苦悩する主人公の具体的な姿がうかがえる。「ところが西洋人の方は,表面が濁っているようでもそこが明るく透きとおっていて,体中のどこにもそういう薄汚い陰がささない……だから彼等の集会の中へわれわれの一人が入り込むと,白紙に一点薄墨のしみができたようで,われわれが見てもその一人が目障りのように思われ,あまりいい気持ちがしないのである」。谷崎は「二重の意識」から生まれる劣等感を克服するためにか,日本の伝統へこだわる作品(たとえば,『春琴抄』『細雪』など)を多数生み出している。

　西欧的価値観を認めそれに従うことが,ひいては物質的に豊かな生活を約束してくれる,そう信じる人々は,みずからの伝統を捨て去るよう強いられる。新たな自己の再統合 (reintegration) のためには,みずからがもつ文化的自己の逆統合 (disintegration) がなされなければならないとされるのである (Gudykunst & Kim [1997] ; Jourard [1974])。だが,実際に逆統合などできるはずがない。自らを捨て去ること,過去を捨て去ることなどできない。新たな経験によって,これまでの自分や過去の出来事を解釈し直すという過程を経ることは,これまでの経験の否定とは異なるのである。

文化を越えたアイデンティティとは?

　西欧化・近代化の波がこの地球の隅々までをも洗い流そうとしている。リオタールやハーバーマスが警鐘を鳴らしたように,グローバル化による市場原理が,知識とは何かを決定する。何がより賢く,価値があるかが,資本の蓄積という基準で決められるのである。したがって,金持ちは貧乏人よりより賢いし,コンピュータ・プログラマーは村の祈禱師よりはるかに賢い。次々

と流行を追い求める若者，労働の担い手となる若者は価値があるが，逆に老人は価値がないどころかお荷物となる。市場原理にもとづくグローバル・スタンダードによって，それぞれのアイデンティティが決められるのである。

　だが，グローバル・スタンダードが唯一の基準となると，これまで世界を活性化してきた多様性がなくなってしまうことになる。実際，今や地球規模で多様性が失われている，われわれはそういう時代に突入しているのである（第11章参照）。多様性が失われるということは，ほかとの違いがなくなる，つまり〈**アイデンティティ＝意味**〉がなくなってしまうということになる。アイデンティティとは，違いによって生まれてくるものである。みずからが属す「内」とそれ以外の「外」の区別が次第になくなれば，当然内なるものへの感情的なつながりも薄れていく。そして，最近ことに叫ばれている国と国との境，文化と文化の境を越えた「**グローバル市民**」の概念によると，あらゆる場所が「故郷」となりうる。だが実はそれは，どこにも「故郷」がないことを意味する。「故郷」は，そうでないところとの差によってこそ生まれるものである。したがって，「グローバル市民」「**文化を越えたアイデンティティ（transcultural identity）**」とは，非常に矛盾を含んだ考え方といえる。

　自己とは，いわば情報がダイナミックに行きかうフィールドの中心点である。さまざまな情報・意味が集まり融合していく瞬間であり場所なのである。そして，この融合のパターンおよび構造は，文化によってまた個人によって異なる。コミュニケーション網が発達していなかった昔は，おそらく異なった文化に住む個々人を比べると，その融合のパターンや構造の違いは今より顕著だ

ったであろう。だが，今や西欧に端を発した産業化およびポスト産業化の流れは，世界における孤高を許さず，あらゆる地域をまきこむグローバル文化の誕生を促した。

グローバル文化の下では，ローカル文化は「遅れた」「封建的」で「廃れゆく」「進歩の妨げとなる」「非合理的」なものと見なされ攻撃される。一方のグローバル文化は，進歩的で未来を約束してくれるものとしてもてはやされる。だが，こうした考えが広がっていけば，世界中どこへ行っても同じような文化にしかめぐり会えないことになる。**画一化された文化，差異の喪失は，アイデンティティの喪失**にほかならない。

おそらく，グローバル文化の提唱とは，みずからの文化のみにとらわれず，広く相手の文化を受け入れることをさしているのだとの反論が加えられよう。たとえば，W. B. グディカンストの個々人が「第三者の視点」をもつことが異文化接触において大事であるとする考え方 (Gudykunst, Wiseman & Hammer [1977]) や P. S. アドラーの「多文化人」(Adler [1987])，Y. Y. キムの「異文化人」(Kim [1988]) といった考え方も，反論の１つとして上げられるだろう。だが，人はみずからの文化的遺産から離れて新たな文化を形成することはできない。「第三者の視点」も「多文化人」「異文化人」もみずからの視点を基本とし，それによってほかの視点の違いを認め統合していく以外にありえない。さらに，こうした学者は「第三者の視点」をもつ者や「多文化人」「異文化人」は，異文化接触において効果的なコミュニケーション能力を発揮できるとするが，この「効果的」という考えこそがまさに西欧的価値観にもとづいている。異文化コミュニケーションのプロセスを登山にたとえるキムの考え方——さまざまな登山ルートはある

が最終的には山頂にたどり着く——にこうした見方が集約されている。結局，一見，価値の相対化を唱えることによってほかの文化を尊重することの重要性を説いているように見えるが，最終的には西欧の価値観を押しつけているにすぎない。

今やあらゆる分野で西欧的価値観にもとづいたグローバル文化，グローバル・アイデンティティをもつことの必要性が唱えられている。つまり，文化・アイデンティティの画一化が進行しているのである。だが，アイデンティティとは差異によって生まれるという原則に鑑みると，アイデンティティの画一化はアイデンティティの喪失にほかならない。すべての人々が「グローバル市民」となれば，「グローバル市民」という言葉自体が意味をなさなくなる。

グローバル化への抵抗

世界各地で西欧化・グローバル化が進行中だが，しかしその動きへの反発・抵抗は起こっていないのであろうか。この点に関しては，作家の大江健三郎とシカゴ大学教授のテツオ・ナジタが興味深い示唆を行っている。両氏は日本の近年の国家主義的な動きを，「『西欧のまなざし』の延長上で，その焦点を，国家体制の内部から合わせ直したもの」と捉えている（大江［1999］）。ガイドライン法案，日の丸・君が代の国旗・国歌としての法制化と 1999 年は国家主義体制の強化と見られうる一連の動きがあったが，両氏はこれを西欧化・グローバル化の延長線上にあるものと見なしている。つまり，「西欧のまなざし」に寄り添うことと，それに反発してナショナリズムを強調することは，コインの表と裏のような関係にあるというのである。

大江はこうした「西欧のまなざし」に対する二面的な動きを，

江藤淳や歴史教科書を作り替える運動を進めている人たちがたどってきた心理的変化の中に見る。こうした人々の中には，当初は国際派と呼ばれていたにもかかわらず，留学などの経験を経てナショナリストへと転向した人が少なくない。たとえば，江藤淳は研究生としてプリンストン大学に留学中，同僚との交流に苦しんだことがきっかけでナショナリストへと転向した。前述の「二重の意識」に悩まされたと見ることもできる。このことは彼自身の著作の中にも著されている。

では，「西欧のまなざし」から自由になるためには何が必要なのか。大江は，「『西欧のまなざし』に寄り添うことを望むのではなく，逆に，ナショナリズムの自衛装置に閉じこもるのでもない生き方を作らねばならない」とする。そして，その可能性，兆しとして「西欧的視点から見た社会状況をもたない社会へ出かける」若者のNGO活動と，インターネットを通じて世界中の人々と連絡を取り合う若者の動きに着目している。そこに新たな「自主性と抵抗」を模索する姿を見ているのである。

大江の生き方にも，「西欧のまなざし」から自由になろうとする姿勢が見られる。彼の障害をもつ息子への献身的な愛は，日本的なものを背負いつつも普遍的な人類愛の表現であり，かつ周辺における日常性の模索である。また，黒沢明，岡本太郎といった芸術家も，同じように新たな統合への道を模索してきた。伝統に固執するのか，それとも西欧を模倣するのか，あるいはその2つの道を超越するのか。岡本は，『日本の伝統』の中で，いずれでもない選択，つまり新旧の統合として無限に広がる過去を創造的に見返し自分で創り上げていくことが必要なのだと説いている。「過去をどんらんに無限大にまでひらいて，現在のパティキュラリテ

ィーは逆に局限までちぢめて考えるべきだと私は思うのです。ちょうど袋にいっぱいに空気をつめて，口をキュッと締めたように。その締めた口のところが現在の自分です。うんとふくらました中には世界のあらゆる過去の遺産，財宝が豊かにとり込まれています。緊密に締めれば締めるほど，中の空気はピューッと，すごい勢でふき出る。それがつまり創造活動であり，その口のあり方がオリジナリティ，創造の契機なのです……現実のパティキュラリティーは逆に考えれば，その口のあり方の独自性を強烈にプラスする条件です」と岡本は語る（岡本［1956］）。

文化融合　1960年代初頭，若いアメリカ人作曲家フィリップ・グラスは，シタールの名手ラビ・シャンカルの奏でるメロディーを音符に書きとる作業のために，パリへ向かった。インドでは，師匠の演奏を弟子がまねて覚えるというスタイルだったため，音楽を楽譜に書き記すという習慣がなかった。そのため，グラスは楽譜に記すという作業を行うことによって，より多くの人がインド音楽を楽しめるようになるはずだと信じていた。ところがグラスは，シャンカルの音楽に触れたとたん，彼の音楽を音符に書き取ることなどできないことに気がついた。つまり，西欧の音階には存在しない音や節回しを，西欧の記譜法に翻訳することなど不可能なのである。西欧の記譜法，西欧の単位に無理にあてはめようとすれば，オリジナルとはかけ離れたものが生まれてしまう。

　グラスは円環的で終わりのはっきりしないインドの音楽，それまで触れたことのない構造をもつ音楽にすっかり魅せられてしまう。とにかく彼が今まで知っていたどの音楽とも異なっていたのである。そして，当然この経験は彼の作る曲にも大きな影響を与

えた。グラスは新しい経験をみずからの作品に融合させたのである。ゴッホが日本の浮世絵を取り入れ独自の作品を作り上げたように，またピカソがアフリカの仮面に魅せられその魅力を彼独特の解釈でキャンバスに表現したように，グラスも融合という活力に満ちた創造的プロセスをたどっていったのである。

　こうした融合のプロセスは，**ポストモダン的**でありかつ**ポスト植民地的**である。絶え間ない創造の世界には，何も確実なものなどないし，強者から弱者への押しつけもない。あるのは常に何かが生まれてくるそのプロセスのみである。

　ところが，すべての人が芸術家のように不確実なものを求めるわけではない。むしろ確実なものを求めがちである。冒険よりも確実な生活の方を好むのである。だからこそ強者が与えるグローバル・スタンダードを受け入れてしまいがちなのである。だが，確実に訪れる死の瞬間までの生活がどのようなものかすでに分かってしまったらどうだろう。この先の人生が見通せたとしたら，はたして人は幸せだと感じるだろうか。人が時々日常を離れて，旅行や冒険をしたくなるのは，不確実なものがもたらす興奮や活力を求めるからではないだろうか。

　グラスはシャンカルとの出会いののち，世界各地の異なった音楽を求めて旅した。そしてそこで彼がたどり着いた結論は，異質なものに身をさらすことによってこそ，人生は常に新鮮でエキサイティングで，かつ意味のあるものとなりうるということであった。まさにフランス人の大好きな言葉，「**違いを生きる**（Vivre la différence）」である。この本も，差異から生まれる活力の重要性にもとづいて，さまざまな異文化コミュニケーション理論および現象を説いてきたつもりである。違いを克服しグローバル化がもた

らした新たな基準に合わせるのではなく、違いを違いとして認める、そして楽しむ、こうした態度が今必要なのである。

ゼミナール

1 テレビがわれわれの生活に浸透することによって、何が変わったのであろうか。自己やアイデンティティにどのような影響をもたらしたのであろうか。

2 ゴフマンの「表舞台」と「裏舞台」とは何か。それぞれで行われるコミュニケーションには、どのような違いが見られるのか。

3 シャイケンは、「高度な生産と人工的に押さえた賃金とが組み合わさると、労働コストは生産とのつながりをなくしてしまう」といっているが、これはどういうことか。また、その結果どういったことが世界市場に起こるのか。

4 グローバル化によってもたらされるアイデンティティの画一化・喪失とは何なのか、整理してみよう。

5 「二重の意識」とはどのような意識なのか、具体例をあげて考えてみよう。

6 「グローバル市民」「文化を越えたアイデンティティ」という考え方に含まれる矛盾とは何なのか、まとめてみよう。

7 「西欧のまなざし」から自由になるため、グローバル化に抵抗するためには今何が必要なのか。大江健三郎の考えを参考にしながら話し合ってみよう。

● 引用・参考文献一覧 ●

（日本語文献は著者五十音順。外国語文献は著者アルファベット順．太文字は参考文献）

アリエス，P. [1980]，『〈子供〉の誕生——アンシャン・レジーム期の子供と家族生活』杉山光信・杉山恵美子訳，みすず書房（原著 1960）。

池田理知子 [2000a]，「**家庭内コミュニケーションの考察に向けて——『家』と『家族』**」『日本社会とコミュニケーション』日本コミュニケーション学会編，三省堂。

池田理知子 [2000b]，「日本におけるセクシュアル・ハラスメントの意味——女性と権力の考察を通じて」『ヒューマンコミュニケーション研究』28 号，1-14 頁。

イニス，H. A. [1987]，『**メディアの文明史**』久保秀幹訳，新曜社（原著 1951）。

ウォーフ，B. L. [1978]，『**言語・思考・現実——ウォーフ言語論選集**』池上嘉彦訳，弘文堂。

大江健三郎 [1999]，「新たな『自主性と抵抗』を模索——『西欧のまなざし』から自由に」『朝日新聞』1999 年 11 月 1 日夕刊。

岡本太郎 [1956]，『**日本の伝統**』光文社。

オースティン，J. L. [1978]，『**言語と行為**』坂本百大訳，大修館書店（原著 1962）。

オング，W. [1991]，『**声の文化と文字の文化**』桜井直文ほか訳，藤原書店（原著 1982）。

加藤秀俊 [1968]，『比較文化への視角』中央公論社。

ギアーツ，C. [1987]，『**文化の解釈学**』I, II, 吉田禎吾ほか訳，岩波書店（原著 1973）。

キャンベル，J. [1984]，『千の顔をもつ英雄』上・下，平田武靖・浅輪幸夫監訳，人文書院（原著 1949）。

キャンベル，J. & モイヤーズ，B. [1992]，『**神話の力**』飛田茂雄訳，早川書

房(原著 1988)。

グディカンスト, W. B. [1993],『異文化に橋を架ける——効果的なコミュニケーション』ICC 研究会訳, 聖文社 (原著 1991)。

ゴフマン, E. [1974],『**行為と演技**』石黒毅訳, 誠信書房 (原著 1959)。

近藤紘一 [1978],『サイゴンから来た妻と娘』文芸春秋社。

近藤裕 [1981],『カルチュア・ショックの心理——異文化とつきあうために』創元社。

サピア, E. [1983],『言語・文化・パーソナリティ』平林幹郎訳, 北星堂書店 (原著 1949)。

サピア, E., ウォーフ, B. L., ほか [1970],『文化人類学と言語学』池上嘉彦訳, 弘文堂。

サール, J. R. [1986],『**言語行為**——言語哲学への試論』坂本百大・土屋俊訳, 勁草書房 (原著 1969)。

シャノン, C. & ウィーヴァー, W. [1969],『コミュニケーション数学的理論』長谷川淳・井上光洋訳, 明治図書 (原著 1949)。

シュッツ, A. [1980],『**現象学的社会学**』森川真規雄・浜日出夫訳, 紀伊国屋書店 (原著 1970)。

鈴木孝夫 [1973],『ことばと文化』岩波書店。

スチュワート, E. C. [1982],『**アメリカ人の思考法**——文化摩擦とコミュニケーション』久米昭元訳, 創元社 (原著 1972)。

ソシュール, F. [1956],『言語学原論』小林英夫訳, 岩波書店 (原著 1916)。

角山栄 [1984],『時計の社会史』中央公論社。

デュボア, W. E. B. [1965],『黒人のたましい——エッセイとスケッチ』木島始・鮫島重俊・黄寅秀訳, 未来社 (原著 1903)。

テンニース, F. [1957],『**ゲマインシャフトとゲゼルシャフト**』杉之原寿一訳, 岩波書店 (原著 1887)。

トゥアン, Y.-F. [1993],『個人空間の誕生——食卓・家屋・劇場・世界』阿部一訳, せりか書房 (原著 1982)。

ハイダー, F. [1978],『対人関係の心理学』大橋正夫訳, 誠信書房 (原著 1958)。

ハイデガー, M. [1939],『存在と時間』寺島實仁訳, 三笠書房 (原著 1927)。

バーク, K. [1983],『文学形式の哲学——象徴的行為の研究』(改訂版) 森常

治訳, 国文社 (原著 1941)。

バグディキアン, B. H. [1985], 『**メディアの支配者**——米マスコミ界を独占する 50 の企業』藤竹暁訳, 光文社 (原著 1982)。

パーソンズ, T. [1974], 『社会体系論』佐藤勉訳, 青木書店 (原著 1949/1951)。

パーソンズ, T. & シルス, E. [1960], 『行為の総合理論をめざして』永井道雄・作田啓一・橋本真訳, 日本評論社 (原著 1951)。

フェスティンガー, L. A. [1965], 『認知的不協和の理論——社会心理学序説』末永俊郎監訳, 誠信書房 (原著 1957)。

フーコー, M. [1981], 『知の考古学』中村雄二郎訳, 河出書房新社 (原著 1969)。

フッサール, E. [1974], 『ヨーロッパ諸学の危機と超越論的現象学』細谷恒夫・木田元訳, 中央公論社 (原著 1936)。

フッサール, E. [1979], 『イデーン I——純粋現象学と現象学的哲学のための諸構想』渡辺二郎訳, みすず書房 (原著, 1913-1930)。

ブルデュー, P. [1993], 『資本主義のハビトゥス』原山哲訳, 藤原書店 (原著 1977)。

ブルーマー, H. [1991], 『**シンボリック相互作用論**——パースペクティブと方法』後藤将之訳, 勁草書房 (原著 1969)。

ベッカー, H. [1978], 『**アウトサイダーズ**』村上直之訳, 新泉社 (原著 1963)。

星野命 [1980], 「**カルチャー・ショック**」『現代のエスプリ』161 号, 5-29 頁。

ホフステッド, G. [1984], 『経営文化の国際比較——多国籍企業の中の国民性』萬成博・安藤文四郎監訳, 産業能率大学出版部 (原著 1980)。

ホフステッド, G. [1995], 『多文化世界——違いを学び共存への道を探る』岩井紀子・岩井八郎訳, 有斐閣 (原著 1991)。

ホマンズ, G. C. [1978], 『社会行動——その基本形態』橋本茂訳, 誠信書房 (原著 1961)。

ホール, E. T. [1966], 『**沈黙のことば**』國弘正雄・長井善見・斎藤美津子訳, 南雲堂 (原著 1959)。

ホール, E. T. [1970], 『**かくれた次元**』日高敏隆・佐藤信行訳, みすず書房 (原著 1969)。

ホール, E. T. [1979], 『**文化を超えて**』岩田慶治・谷泰訳, TBS ブリタニカ

(原著 1976)。

ホール,E. T.［1983］,**『文化としての時間』**宇波彰訳,TBS ブリタニカ（原著 1983）。

マクルーハン,M. & クエンティン,F.［1972］,『地球村の戦争と平和』広瀬英彦訳,番町書房（原著 1968）。

マクルーハン,M.［1987］,**『メディア論——人間の拡張の諸相』**栗原裕・河本仲聖訳,みすず書房（原著 1964）。

マズロー,A. H.［1987］,『人間性の心理学』小口忠彦監訳,産業能率短大出版部（原著 1954）。

マリノフスキー,B.［1981］,『バロマー——トロブリアンド諸島の呪術と死霊信仰』高橋渉訳,未来社（原著 1948）。

マンフォード,L.［1972］,**『技術と文明』**生田勉訳,美術出版社（原著 1934）。

三浦国雄［1995］,『風水——中国人のトポス』平凡社。

水上徹男［1996］,『異文化社会適応の理論——グローバル・マイグレーション時代に向けて』ハーベスト社。

ミード,G. H.［1973］,『精神・自我・社会』稲葉三千男・滝沢正樹・中野収訳,青木書店（原著 1934）。

村松伸［1997］,『香港 - 多層都市——現代亞州城市観察』東方書店。

メルロ゠ポンティ,M.［1969-70］,『シーニュ』1, 2, 竹内芳郎監訳,みすず書房（原著 1960）。

メルロ゠ポンティ,M.［1982］,**『知覚の現象学』**中島盛夫訳,法政大学出版局（原著 1945）。

モリス,D.［1970］,**『人間動物園』**矢島剛一訳,新潮社（原著 1969）。

ライトマン,A.［1993］,『アインシュタインの夢』浅倉久志訳,早川書房（原著 1993）。

ラカン,J.［1972-81］,『エクリ』I, II, III, 佐々木孝次ほか,弘文堂（原著 1966）。

リオタール,J.-F.［1986］,『ポスト・モダンの条件——知・社会・言語ゲーム』小林康夫訳,風の薔薇（原著 1979）。

リクール,P.［1978］,『解釈の革新』久米博・清水誠・久重忠夫訳,白水社（原著, 1971, 1972, 1973, 1974, 1975, 1977）。

Adler, P. S. [1987], "Beyond Cultural Identity: Reflections on Cultural and Multicultural Man," *Intercultural Communication: A Reader*

(5th ed.) (L. Samovar & R. Porter, eds), Wadsworth.

Allen, J. & Hamnett, C. (eds.) [1995], *A Shrinking World ? : Global Unevenness and Inequality*, Oxford University Press.

Bagdikian, B. H. (1992), *The Media Monopoly* (4th ed.), Beacon Press.

Balint, M. [1945], "Friendly Expanses-Horrid Empty Spaces," *International Journal of Psychoanalysis*, 36, pp. 225-41.

Bennett, J. [1977], "Transition Shock : Putting Culture Shock in Perspective," *International and Intercultural Communication Annual*, 4, pp. 45-52.

Berger, C. & Calabrese, R. [1975], "Some Explanations in Initial Interaction and Beyond : Toward a Development Theory of Interpersonal Communication," *Human Communication Research*, 1, pp. 99-112.

Bormann, E. [1985], *The Force of Fantasy : Restoring the American Dream*, Southern Illinois University Press.

Bourdieu, P. [1963], "The Attitude of the Algerian Peasant Toward Time," *Mediterranean Countrymen* (J. Pitt-Rivers, ed.), Mouton.

Brislin, R. [1993], *Understanding Culture's Influence on Behavior*, Harcourt Brace College Publishers.

Brzezinski, Z. K. [1970], *Between Two Ages : America's Role in the Technetronic Era*, Viking Press.

Calhoun, J. B. [1962], "A 'Behavioral Sink'," *Roots of Behavior* (E. L. Bliss, ed.), Harper & Brothers.

Canary, D. J. & Cody, M. J. [1994], *Interpersonal Communication : A Goals-Based Approach*, St. Martin's Press.

Condon, W. [1979], "Neonatal Entrainment and Enculturation," *Before Speech : The Beginning of Interpersonal Communication* (M. Bullowa, ed.), Cambridge University Press.

Cushman, D. P. & King, S. S. [1989], "Communication, knowledge, and Ethics : A Twentieth Century Perspective," *Human Communication as a Field of Study* (S. S. King, ed.), SUNY Press.

Diamond, J. [1993], *The Third Chimpanzee : The Evolution and Future of the Human Animal*, Harper Perennial Library.

Ekman, P. & Friesen, W. V. [1969], "The repertoire of Nonverbal Behavior : Categories, Origins, Usage and Coding," *Semiotica*, 1 (1), pp. 49-98.

Fisher, W. [1987], *Human Communication as Narration : Toward a Philosophy of Reason, Value, and Action*, University of South Carolina Press.

Frazer, J. T. (ed.) [1981], *The Voices of Time*, University of Massachusetts Press.

Gadamer, H.-G. [1975], *Truth and Method* (J. Weinsheimer & D. Marshall, Trans.), Continuum.

Garfinkel, H. [1967], *Studies in Ethnomethodology*, Englewood Cliffs.

Gebser, J. [1985], *The Ever-Present Origin* (N. Barstad & A. Mickunas, trans.), Ohio University Press. (Original work published 1949)

Gerbner, G. [1990], "Epilogue : Advancing on the Path of Righteousness (Maybe)," *Cultivation Analysis : New Directions in Media Effects Research* (N. Signorielli and M. Morgan, eds.), Sage.

Gibson, J. [1950], *The Perception of the Visual World*, Houghton Mifflin.

Giles, H., Mulac, A., Bradac, J., & Johnson, P. [1986], "Speech Accommodation Theory," *Communication Yearbook 10* (M. McLaughoin, ed.), Sage.

Giles, H. & Johnson, P. [1981], "Ethnolinguistic Identity Theory," *International Journal of the Sociology of Language*, 68, pp. 69-90.

Gilliard, E. T. [1963], "Evolution of Bowerbirds," *Scientific American*, 209 (2), pp. 38-46.

Goffman, E. [1974], *Frame Analysis : An Essay on the Organization of Experience*, Harvard University Press.

Greider, W. [1997], *One World, Ready or Not : The Manic Logic of Global Capitalism*, Touchstone, Simon & Schuster.

Gudykunst, W. B. & Kim, Y. Y. [1992], *Communicating with Strangers : An Approach to Intercultural Communication* (2nd ed.), McGraw-Hill.

Gudykunst, W. B. & Kim, Y. Y. [1997], *Communicating with Strangers : An Approach to Intercultural Communication* (3rd ed.), McGraw-Hill.

Gudykunst, W. B., Wiseman, R., & Hammer, M. [1977], "Determinants of a Sojourner's Attitudinal Satisfaction," *Communication Yearbook*

1 (B. Ruben, ed.), Transaction Books.

Gullahorn, J. T. & Gullahorn, J. E. [1963], "An Extension of the U-Curve Hypothesis," *Journal of Social Issues*, 19(3), pp. 33–47.

Head, S. [1985], *World Broadcasting Systems*, Wadsworth.

Hediger, H. [1961], "The Evolution of Territorial Behavior," *Social Life of Early Man* (S. L. Washburn, ed.), Viking Fund Publications in Anthropology.

Howard, H. E. [1920], *Territory in Bird Life*, Murray.

Ikeda, R. & Kelly, T. [1992], "Sukoshi Chicken in it : How Do Intercultural Marital Couples Co-Constitute Their World ?," The Seventy-Eighth Annual Meeting of the Speech Communication Association at Chicago, Illinois.

Innis, H. A. [1950], *Empire and Communication*, University of Toronto Press.

Jourard, S. [1974], "Growing Awareness and the Awareness of Growth," *Interpersonal Communication* (B. Patton & K. Giffin eds.), Harper & Row.

Kelley, C. & Meyers, J. [1992], *The Cross-Cultural Adaptation Inventory*, Intercultural Press.

Kim, Y. Y. [1988], *Communicating and Cross-Cultural Adaptation : An Integrative Theory*, Multilingual Matters.

Kim, Y. Y. [1991], "Intercultural Communication Competence," *Intercultural Interpersonal Communication* (S. Ting-Toomey & F. Korzenny, eds.), Sage.

Kluckhohn, F. & Strodtbeck, F. [1961], *Variations in Value Orientations*, Row, Peterson.

Kramer, E. M. [1991], The Global Village : "Transformations in World Life and Media in the 21st Century, by Marshall McLuhan and Bruce Powers, 1989," *International Journal of Intercultural Relations*, 15, pp. 117–24.

Kramer, E. M. (ed.). [1992], *Consciousness and Culture : An Introduction to the Thought of Jean Gebser*, Greenwood.

Kramer, E. M. [1997], *Modern/Postmodern : Off the Beaten Path of Antimodernism*, Praeger.

Kramer, E. M. & Johnson, L., Jr. [1997], "A Brief Archaeology of Intelligence," *Postmodernism and Race* (E. M. Kramer, ed.), Praeger.

Kramer, E. M. & Ikeda, R. [in press], "Japanese Clocks: Semiotic Evidence of the Perspectival Mutation," *American Journal of Semiotics*, 16(1).

Lauer, R. [1981], *Temporal Man: The Meaning and Uses of Social Time*, Praeger.

Lerner, D. [1958], *The Passing of Traditional Society*, Free Press.

Levine, R. [1997], *Geography of Time*, Basic Books.

Lundstedt, S. [1963], "An Introduction to Some Evolving Problems in Cross-Cultural Research," *Journal of Social Issues*, 14. pp. 1-9.

Lustig, W. L. & Koester, J. [1996], *Intercultural Competence: Interpersonal Communication Across Cultures* (2nd ed.), Harper Collins.

Lysgaard, S. [1955], "Adjustment in a Foreign Society," *International Social Science Bulletin*, 7, pp. 45-51.

Marchand, P. [1989], *Marshall McLuhan: The Medium and the Messenger*, Ticknor & Fields.

Meyrowitz, J. [1985], *No Sense of Place: The Impact of Electronic Media on Social Behavior*, Oxford University Press.

Myers, D. [1992], *The Pursuit of Happiness*, Avon.

Oberg, C. [1960], "Culture Shock: Adjustment to New Cultural Environments," *Practical Anthropology*, 7, pp. 170-79.

Pearce, W. B. [1976], "The Coordinated Management of Meaning: A Rules-Based Theory of Interpersonal Communication," *Explorations in Interpersonal Communication* (G. R. Miller, ed.), Sage.

Piaget, J. [1976], *The Grasp of Consciousness: Action and Concept in the Young Child* (S. Wedgwood, trans.), Harvard University Press.

Rifkin, J. & Howard, T. [1980], *Entropy: A New World View*, Viking Press.

Rokeach, M. [1968], *Beliefs, Attitudes, and Values*, Jossey-Bass.

Rothstein, R. [1994], *Workforce Globalization: A Policy Response*, U. S. Labor Department.

Spitzburg, B. & Cupach, W. [1984], *Interpersonal Communication Competence*, Sage.

Spradely, J. & Phillips, M. [1972], "Culture and Stress: A Quantitative Analysis," *American Anthropologist*, 74, pp. 518-29.

Stewart, E. C. & Bennett M. J. [1991], *American Cultural Patterns : A Cross-Cultural Perspective*, Intercultural Press.

Taft, R. [1977], "Coping with Unfamiliar Cultures," *Studies in Cross-Cultural Psychology*, Vol. 1, (W. Warren, ed.), Academic Press.

Ting-Tommey, S. [1985], "Toward a Theory of Conflict and Culture," *Communication, Culture, and Organizational Processes* (W. Gudykunst, L. Stewart & S. Ting-Toomey, eds.), Sage.

Triandis, H. C. [1995], *Individualism and Collectivism*, Westview Press.

Watzlawick, P, Beavin, J, & Jackson, D. [1967], *Pragmatics of Human Communication : A Study of Interactional Patterns, Pathologies, and Paradoxes*, Norton.

Weaver, G. R. [1994], "Understanding and Coping with Cross-Cultural Adjustment Stress," *Culture, Communication and Conflict : Readings in Intercultural Relations* (G. Weaver, ed.), Simon & Schuster.

Wiener, N. [1961], *Cybernetics or Control and Communication in the Animal and the Machine*, MIT Press.

Wijesekera, N. [1983], "Rupavahim a Threat to Indian TV," *Asian Broadcasting*, Dec.

Wittgenstein, L. [1971], *Prototractatus*, Routledge & Kegan Paul.

● 事項索引 ●

あ 行

アイデンティティ 4, 15, 17-19, 30, 39, 108, 119-21, 145, 172, 211, 226, 228, 235, 241
　　——の画一化　224, 229, 241
　　——の危機　18, 19, 53, 224
アイデンティティ管理　211
I と me　6
アイルランド系アメリカ人　134, 135
アカン族　109
遊び　6, 14, 196, 197
アニミズム　48, 49
新たな文化環境　147
安全の欲求　12
意識構造理論　45
意識の次元　45
意識のまなざしを向ける　22
1次元的世界　54
1次元的同一性　115
一般化された他者　6
イヌイット　106
異文化人　236
意味のエコロジー　22, 25, 28, 41, 142
意味論　113
インターネット　223, 227, 229
陰と陽　51
ヴードゥー教　72
エジプト　43, 44
エスニック・アイデンティティ　111
エチオピア　219
AT&T　207
演技　132
延長物　131
オジブワ族　109
オーナーシップ　136, 159
オマーン人　109
表舞台　227, 241
オリンピック　219, 220

か 行

カイオワ族　48, 109
解釈学的アプローチ　182
過去志向　93
価値（観）　4, 5, 7, 10, 11, 17, 19, 25, 84, 162-66, 168, 170, 171, 177, 178
価値志向　166, 179
活字文化　203
活版印刷　118
ガーナ　210
カビール人　101
カルチャー・ショック　141-160, 163, 164, 166, 193
　　——の症状　150, 152
　　——の要因　151
過労死　98
慣習　174, 176, 177, 179
感情表出　32
気　90, 92
機械時計　95, 96
記号的意識　54, 56
記号的空間　76-80, 123

記号的言語　　107, 113-15, 121
記号的言語世界　　118
記号的時間　　90, 94-97, 99, 102
記号的世界　　47, 52, 53, 56, 71, 89, 94, 95, 112
帰国ショック　　156, 158
技　術　　183
基層語　　119
規　則　　162, 163, 171, 173, 174, 177, 178
帰属理論　　194
期待破棄実験　　62
規　範　　174-76, 179
旧技術期　　206, 222
共同社会　　13, 14, 83, 84, 101, 208
巨大メディア/企業の独占　　222
拒　否　　153, 154, 160
グルカ軍　　212
グループ・アイデンティティ　　131-33, 138
グローバリズム　　208-11, 229
グローバル・アイデンティティ　　237
グローバル化　　201, 205, 210, 223, 226, 234, 237, 240, 241
グローバル市民　　235, 237, 241
グローバル・スタンダード　　224, 232, 235, 240
グローバル文化　　236, 237
ゲゼルシャフト　　→利益社会
結婚適齢期　　85
ゲマインシャフト　　→共同社会
ゲーム段階　　6
権威者による信念　　8
原技術期　　206, 222
言語運用能力　　181
言語共同体　　16, 36, 119, 130
言語ゲーム　　110
言語行為論　　110

言語能力　　18, 108, 119, 120, 181
言語メッセージ　　35, 41
現在志向　　93
原子価　　165
『源氏物語』　　37
権力格差　　169
交換理論　　27, 28
後　景　　62, 155
攻　撃　　153, 154, 160
高コンテキストな文化　　33, 34
公衆距離　　70, 71
口誦文化　　203
公的な自己　　227
行動科学　　172, 173
行動のシンク　　125
声の文化　　116-18, 121
故　郷　　122-24, 133-37, 153, 154, 157, 158, 235
個人主義　　13, 67, 68, 170
コスモポリス　　204, 208
個体距離　　70, 71
固定空間　　67, 80
子どもの時期　　85
コミュニケーションしないわけにはいかない　　29
コミュニケーション調整理論　　120
コミュニケーション能力　　180-98, 214
コミュニケーションのフィールド理論　　22, 25, 28, 41
コミュニケーションの不可避性　　29, 41
暦　　92, 93
根元的自己　　5, 7
コンセンサスなき根元的信念　　8
コンセンサスにもとづく根元的信念　　8

さ行

『最後の一葉』　49
在日韓国・朝鮮人　144
サピア=ウォーフの仮説　105, 106, 121, 131
3次元的世界　54, 116
サンドウィッチ島　91
CMM理論　28, 29
時間概念　31
時間のグローバル化　101
時間の指紋　82
時間の帝国主義　97, 99
次元の増加と分離理論　54, 57
自己　4-14, 17-19, 22, 23, 28, 36, 41, 53, 151-53, 156, 160, 165, 226, 235, 241
自己実現の欲求　12
自然的態度　63
私的な自己　227
自民族優越主義　10, 194
シャイアン族　73
社会距離　70, 71
社会進化論　55
社会的規範　175
集社会的　69
集団主義　13, 67, 68, 170
重要な他人　133
状況の定義　132
上層語　119
情報のグローバル化　201
書字文化　203
所属と愛情の欲求　12
ショナ族　109
新技術期　206, 222
身体接触　31
身体動作　31
信念　4, 5, 7, 10, 11, 17, 19, 25, 163, 164, 166, 171, 178

シンボリック相互作用論　6, 7
神話的空間　73-76, 79, 80, 123
神話的言語　107, 111, 112, 115, 117
神話的時間　92-94, 102
神話的世界　47, 49-51, 53, 56, 57, 71, 73, 89, 94, 110, 111, 127
スクリプト　159, 193, 194
『スワロウテイル』　16
生活世界　62
静態　168
生得型　5-7
聖と俗　92, 94
生理的欲求　12
接近空間（論）　31, 65
セネガル　219
セミノール族　109
前景　62, 80, 142, 155
相乗効果　184
相乗作用を起こすプロセス　38
ソジョナー　143
尊重の欲求　12

た行

ダイアグラム　98
第三者の視点　236
態度　4, 7, 10, 11, 17, 25
体物表現　31
大名時計　96
太陽暦　100
多元的時間　→ポリクロニックな時間
達成型　5-7
W型曲線　147, 148, 160
WTO　224
多文化人　236
単一的時間　→モノクロニックな時間
タンザニア　219

事項索引　**255**

『ダンス・ウィズ・ウルブズ』　48
地球のグローバル化　98
地球村　100, 202-05, 222
知識　183
縮みゆく世界　222
地平　36-39, 151, 165, 166, 225
　——の限界と可能性　36
　——の融合　36, 38, 41
超大部族　78
懲罰　84, 101
沈黙　26, 33
通信網のグローバル化　210, 222
罪　171
強さ　165
ディアスポラ的抑鬱　158
低コンテキストな文化　34
定時法　96, 100
適応動作　32
出来事時間　86, 89, 102
テレ・コロニアリズム　217, 219
テレデンシティ　220
電気文化　203
テンポ　83, 84, 89, 101, 123
動機　183
統語論　113
動態　168, 169
「時は金なり」　91, 97
時計時間　86, 89, 101, 102
ドブ島　92

な　行

ナショナル・ブロードキャスティング社　207
ナバホ族　105, 106
なわばり　124-27, 137

納戸神　20
南北対立　215
南北問題　222
ニアス島民　73, 74
2次元的世界　54, 115
二次的自己　5, 7
二重の意識　233, 234, 238, 241
日系アメリカ人　134, 135, 144, 149
日系人　16
日本人　4, 15-17
人間動物園　78
忍耐　84, 101
認知的不協和音　11
認知の複雑さ　33
……の意識　46

は　行

場　123
恥　170, 171
発展過程の静態　168
ハビトゥス　129, 138
バベルの塔　104
パラ言語　31
ハレとケ　92, 94
半固定空間　67, 80
反省的態度　63
東フロレス　74
非言語メッセージ　30-33, 41
非重要な信念　8
ピジン　196
評価　164
表現のプロセス　24
標準時間　100, 101
表象　31
フィードバック　26
風水　61, 75, 76
不確実性減少理論　186
復讐　84, 101

舞台裏　227, 241
ブッシュマン　73, 91
不定時法　96, 97
プラス・ミューテーション　55, 57
ブルンジ　90
プレイ段階　6
文　化　11-17, 19, 23, 24, 36, 39, 41, 43-45
　　——と時間　82
　　——の主流化　208
　　——のボーダレス化＝画一化　210, 215-17, 223
　　——の融合　39
文化帝国主義　185, 210, 211, 215, 221, 223
文化適応　143, 146, 147
文化的コンセンサス　128-30, 137
文化表現　24
文化融合　40, 41, 142, 158, 174
文化を越えたアイデンティティ　234, 235, 241
ヘレロ族　73
偏　見　136
法　171, 173
方位磁石　75
放送のグローバル化　212
法的規範　175
ホスト　145-47, 159
ポスト植民地　240
ポストモダン　240
ホピ族　93, 105
ホームレス化　229
ポリクロニックな時間　87-89, 101, 102

ま　行

間　90

マイナス・ミューテーション　55
マインドフル　193, 195
マインドレス　195
マキラドラ・システム　230
マクブライド委員会　216
マジック　107
　　——な一体感　127
　　——な空間　72, 73, 79, 80, 123
　　——な言語　115
　　——な時間　89-93, 102
　　——な世界　47-49, 53, 57, 71, 72, 89, 92, 107
マダガスカル島　91
密接距離　70, 71
脈　絡　28, 36, 195
未来志向　93
無国籍児　15
命令・要求への服従　187
メキシコ　220, 230
メディア/企業の独占体制　216
文字の文化　116-18, 121
モノクロニックな時間　87-89, 102

や・ら　行

融　合　137
U型曲線　144, 147, 148, 154, 160
由来による信念　8
利益社会　13, 14, 83, 84, 101, 208
離社会的　69
例示動作　31
歴　史　94, 131
レギュレーター　32
レトリック　103
ローカル文化　236

論理実証主義　113

ンデベレ族　109

わ・ん 行

和時計　96

● 人名索引 ●

あ 行

アインシュタイン, A.　46, 186
アドラー, P. S.　236
アリエス, P.　67, 85
アリストテレス　208
アレン, J.　220
イソクラテス　35
イニス, H. A.　46, 205
ウィーヴァー, W.　25, 26
ヴィトゲンシュタイン, L.　110
ウォーフ, B. L.　105
エクマン, P.　31
江藤淳　238
遠藤周作　20
大江健三郎　237, 241
岡本太郎　238
オースティン, J. L.　110
オバーグ, K.　143, 156
オング, W.　116

か 行

ガダマー, H.-G.　36, 38, 136, 151
カッシーラ, E.　190, 196
ガーフィンケル, H.　62
ガブナー, G.　208
カラブリース, R.　186, 193
ガリレイ, ガリレオ　63
カルフーン, J.　125
ギアーツ, C.　174
ギーディオン, S.　46, 205
ギブソン, J.　66
キム, Y. Y.　145, 191, 192, 234, 236
キャナリー, D. J.　183, 184
キャンベル, J.　45, 111, 226
ギリアード, E. T.　124
グディカンスト, W. B.　145, 191, 192, 234, 236
クーパッチ, W.　183, 184, 187
クラックホーン, F.　93, 166-68
黒沢明　238
クワイン, W.　113
ゲーテ, J. W. von　186
ゲデス, P.　205, 206
ゲブサー, J.　24, 45, 46, 54, 55, 71, 89, 107
ゴッホ, V. van　186, 240
コーディー, M. J.　183, 184
ゴフマン, E.　132, 227, 228, 241

さ 行

サピア, E.　105
サール, J. R.　110
シャノン, C.　25, 26
シュッツ, A.　62, 142, 155
スチュワート, E.　168
ストロットベック, F.　93, 166-68
スピッツバーグ, B.　183, 184, 187

スプレイドリィ, J.　82
スペンサー, H.　55
ソクラテス　35
ソシュール, F.　114

た 行

谷崎潤一郎　233
チョムスキー, A. N.　191
デュボア, W. E. B.　233
デリダ, J.　196
テンニース, F.　13, 83
トゥアン, Y.-F.　67
ド・シャルダン, T.　205

な 行

ナジタ, T.　237
夏目漱石　233
ニーチェ, F. W.　190, 196

は 行

ハイゼンベルグ, W. K.　46
ハイデガー, M.　22
バーガー, C.　186, 193
バグディキアン, B. H.　216, 217
パーソンズ, T.　5-7
ハーバマス, J.　234
ハムネット, C.　220
ハワード, H. E.　124
ピアス, W. B.　28
ピカソ, P.　46, 240
フィリップス, M.　82
フェスティンガー, L. A.　11
フェルミ, E.　186
フーコー, M.　190
二葉亭四迷　233
フッサール, E.　22, 32, 36, 62, 63
フランクリン, B.　91
フリーセン, W. V.　31
ブルゼジンスキ, Z.　204
ブルデュー, P.　129, 137
ブルーマー, H.　7
フレイザー, J. T.　86
フロスト, R.　133
ベイリント, M.　66
ヘーゲル, G. W. F.　131
ベッカー, H.　7
ヘッド, S.　218
ベネット, M.　168
星野命　143, 149, 151
ポッパー, K.　113
ホフステッド, G. H.　169
ホマンズ, G. C.　27
ホール, E. T.　23, 33, 34, 46, 65-69, 84, 87, 89, 131, 185

ま 行

マクルーハン, M.　46, 100, 105, 131, 202-05, 222, 228
マズロー, A. H.　12
マリノフスキー, B.　12
マンフォード, L.　77, 205-07
ミード, G. H.　6, 7
メイロウィッツ, J.　225, 227, 228
メルロ゠ポンティ, M.　172, 192
森鷗外　233
モリス, D.　78, 100

ら・わ 行

ラウアー, R.　86, 89
ラーナー, D.　205
ラングル, M.　90

リオタール, J.-F.　　112, 190, 234
リクール, P.　　190
リフキン, J.　　82
ルイス, P. W.　　205
老子　　35, 36
ロキーチ, M.　　8, 165
魯迅　　136
ロルカ, F. G.　　46
ワズラヴィック, P.　　29

● 著者紹介

池田 理知子（いけだ りちこ）
　　福岡女学院大学教授

Eric M. Kramer（エリック クレーマー）
　　オクラホマ大学教授

ARMA

異文化コミュニケーション・入門　　有斐閣アルマ
Introduction to Intercultural Communication

2000 年 9 月 30 日　初版第 1 刷発行
2023 年 11 月 20 日　初版第 18 刷発行

著　者	池田　理知子 Eric M. Kramer
発行者	江　草　貞　治
発行所	株式会社 有　斐　閣

郵便番号 101-0051
東京都千代田区神田神保町 2-17
https://www.yuhikaku.co.jp/

印刷・株式会社精興社／製本・大口製本印刷株式会社
© 2000, Richiko Ikeda・Eric M. Kramer. Printed in Japan
落丁・乱丁本はお取替えいたします。
★定価はカバーに表示してあります。
ISBN4-641-12107-9

Ⓡ 本書の全部または一部を無断で複写複製(コピー)することは、著作権法上での例外を除き、禁じられています。本書からの複写を希望される場合は、日本複写権センター(03-3401-2382)にご連絡ください。